二十四節気
暦のレシピ

猪飼牧子
清水美由紀

日本文芸社

見えないほどの小さな変化を繰り返しながら、季節とともに四季をたどっていく植物。二十四節気、七十二候は単に追うだけでも季節の移り変わりを感じることはできますが、私はそれを植物とともに感じたいと思いました。

四季折々の変化があるならば、そこで暮らす人間の心や体も変化しているはずです。ただ季節を知るだけでなく、その時季の植物をアレンジメントや料理に生かしたり、健やかに過ごすためにハーブや精油を活用したり。植物であれば形にはこだわらず、暮らしに取り入れる。うつろいゆく季節や植物と少し歩みをそろえられるようで、気持ちも暮らしもとても豊かになりました。

この本と出会うことで、一つでも暮らしの楽しみが増えたならば、とてもうれしいです。

猪飼牧子

自然の中にある光や影、色や形を美しいと思うのはなぜなのでしょう。

東京から松本に居を戻し、自然の中で毎日を過ごすうちに、さりげない風景の美しさにハッとする瞬間が増えていきました。季節の知識を胸に留めて自然と触れ合うと、五感を刺激するさまざまな手触りが、輪郭を帯びて立ち上がります。自分が地球の一部だということを思い出すその感覚は、私の創作をより実感に満ちたものにしてくれています。

意識しなければ長く区切りなく続いてしまう日常。暮らしに季節を取り入れることは、日々の中で立ち止まり、息つぎの瞬間をくれるように思います。

本書では、すべての写真撮影と四季の詩の執筆をしました。みなさまの日常に、息つぎの瞬間が訪れますように。

清水美由紀

目次

春

＊二十四節気、七十二候の日付は年によって変動します。本書ではおおよその目安を記載しています。七十二候には現代語としてわかりやすい読み方を付記しました。

＊本書に出てくるハーブとは薬効のある植物、精油とはハーブの芳香成分を抽出したエッセンスのこと。アロマセラピーとは、精油もしくは植物に由来する芳香成分を用いた植物療法です。

夏

＊暮らしのアイデア、暮らしの手作りで作り方を紹介している料理やお菓子は、作りやすい分量で表示してあります。大さじ１＝15mℓ、小さじ１＝５mℓです。

＊ハーブや精油には使用上の注意があります。詳しくはP.220を参照してください。

秋

冬

緑に湧く土手
青く陰る山
空にはじける桃の花
野原を飾る黄色や紫

まつ毛に光を集めたら
視界は虹色
地表は次々と色に包まれる

その一瞬を逃さぬよう
目を逸らさずに息を呑む

春

【一】

立春《りっしゅん》

二月四日～二月十八日頃

寒いながらも日足が伸びて
温風が川や湖の氷を溶かす

透き通るような甘い香りで春の訪れを告げる梅の花

二十四節気の最初の節。ここから新しい一年がはじまります。陽の光は少しずつ明るくなり、春を待ちわびる草木に降り注ぐようになりました。足元にはフクジュソウが顔をのぞかせ、見上げた裸木《はだかぎ》にはふくらみはじめた小さな新芽や蕾。気温がまだ低い中でも春の訪れをいち早く察知し、着々と準備をしている様子はとても可愛らしく思えます。

この時季、透き通るような甘い香りで早春を感じさせる花といえば、梅ではないでしょうか。梅は、バラ科サクラ属の落葉小高木。春告草《はるつげぐさ》という名を持ち、春の訪れを告げてくれる花ともいわれています。葉が芽吹く前の枝にぽつぽつと開きはじめる梅の花は、色のない世界に春を少しずつ連れてきてくれるかのよう。

梅は園芸種としては大きく三つに分類されます。枝が細く葉はこぶりで原種に近い野梅系《やばいけい》、木質部中心まで赤色で、濃紅色の花が多い緋梅系《ひばいけい》、アンズとの交配種で枝や葉が大きく、実を採取することが多い豊後系《ぶんごけい》です。興味深いことに梅の香りは、この分類と花の色に関連していることがわかってきました。

野梅系に属する白から薄紅色の花は、華やかでフルーティ、パウダリーな甘い香りがすることが多く、この香りはジャスミン、クチナシなどに入っている特徴成分と同じです。緋梅系の中でも花色がピンク色から濃紅色の花は、少しスパイシーな甘さのある香りがします。これはアーモンドや杏仁などに入っている成分と同じです。そのほか、系統はさまざまですが、梅らしい香りを感じる花には、クローブなどに入っている香料や薬品の原料にもなる香りの含有量が多いそう。

【一】

立春《りっしゅん》

このことを知ってから、梅の花を見つけるとついつい鼻を近づけて、その香りを確かめてしまうようになりました。忘れられない香りの思い出といえば、熱海梅園梅まつり（静岡県熱海市）に行ったときのこと。梅園に近づくにつれ、姿は見えずともふんわりと梅の香りが漂いはじめ、園内に入ればまさにそこは天国。充満する匂いに全身が包み込まれ、指の先まで香りが染み渡るようなはじめての感覚、あの高揚感は唯一無二の体験でした。

花見といえば今は桜が主ですが、梅の香りを楽しみながら観賞する梅見は人気が高かったようです。奈良時代の「万葉集」では桜よりも梅のほうがはるかに詠まれており、日本人の梅への親しみを感じます。香りのよさも観賞の対象であった梅見は情趣にあふれており、当時の人々の心の琴線に触れたのでしょう。

この節の七十二候

初候　2月4日～2月8日頃

東風解凍

（はるかぜこおりをとく）

春の柔らかな風が吹きはじめ、川や湖の氷が溶け出す頃

次候　2月9日～2月13日頃

黄鶯睍睆

（うぐいすなく）

春告鳥といわれるウグイスが鳴きはじめる頃

末候　2月14日～2月18日頃

魚上氷

（うおこおりいずる）

川や湖の氷の割れ目から川底にいた魚が跳ね上がる頃

いざというときに役に立つ手軽なロールオンアロマ

外出時に携帯できるロールオンアロマ。ロールオンボトル（10mℓ）に植物油10mℓを入れ、精油を２滴垂らすだけ。鼻づまりや頭痛にはティーツリーやラヴィンツァラの精油を。こめかみにひと塗りするとラクになります。遮光容器に入れて、直射日光、高温多湿を避け、冷暗所で保管し、1か月で使い切りましょう。

＊つける前に必ずパッチテストをすること。問題があった場合は使用を中止してください。
＊顔に使用する場合は、精油は1滴にすること。
＊精油の効用と使用上の注意はP.214 ～ 220を参照。

若草色のうぐいす餅は早春の和菓子

うぐいす餅は、柔らかな求肥《ぎゅうひ》であんを包み、若草色のきな粉、うぐいす粉をまぶした生菓子です。作り方は、①鍋に白玉粉20gと砂糖15gを入れ、水40mℓを少しずつ加えてダマがなくなるまでよく混ぜる。②中火にかけ、ヘラでまとめるように混ぜる。③ひとまとまりになったら片栗粉をひいたバットに広げ、中にあんを入れて端をすぼめて楕円形にする。④うぐいす粉をかけて完成。うぐいす形ともいわれる愛らしい形が特徴です。

梅の一輪挿しは無骨な枝と可憐な花が織りなす春の舞

梅の香りは日本人にとって春の息吹を感じる親しみ深いもの。少量でもかなり香るので、部屋に一枝あるだけで、たちまち甘い香りが立ち込めます。梅の花は一節に一輪、枝に直接くっついて咲くのが特徴。一輪挿しにすると、雄々しい枝ぶりが際立ち、ごつごつしたその質感と清楚な花の対比がなんとも見事。咲き終わった花がらはこまめに摘んであげると、見た目も美しく長持ちします。

枝を活けるときは吸水面を増やすため、縦に枝を割ります。太い枝は２～３㎝、十字に割ると吸水面が増えて長持ちします。

喉をやさしくいたわる手作りハーブドロップ

香りのよいハーブドロップは季節の変わり目に大活躍。作り方は、①濃いめのハーブティー60～70㎖に水飴40g、グラニュー糖70gを入れて煮込む。②飴色になったらシリコンシートに出し、伸ばしてたたみ、艶が出たら温かいうちに切って完成。喉の違和感にはセージやタイム、風邪にはエキナセアやエルダーフラワーを。ハイビスカスを使うと美しい赤い飴ができます。

＊ハーブの効用と使用上の注意はP.214～220を参照。

暮らしの手作り

敏感な肌をいたわる
カレンデュラの浸出油とバーム

春先は気温の変動も激しく、冬に比べて増えてくる紫外線の影響もあり、肌が荒れがち。そんなときに重宝するのが、カレンデュラの花弁から作る浸出油とバームです。

ハーブを植物油に漬け込み、脂溶性成分（油に溶けやすい成分）を油に溶け出させたものをハーブ浸出油、またはインフューズドオイルといいます。浸出油向きのハーブは、セントジョーンズワート、ラベンダー、ジャーマンカモミール、ローズマリーなど。なかでも、荒れた肌の修復に向いているのがカレンデュラ。

浸出油は、肌荒れが気になる箇所に直接塗り込むもので、ボディマッサージにも使えます。より身近に使える軟膏がバームです。バームは有効成分が皮膚表面にとどまり、ゆっくりと浸透、気になる箇所を油膜で覆うことで水分から保護する働きもあります。

― 浸出油の材料 ―

（でき上がり 70 ～ 80mℓ）

A　ドライカレンデュラ…約5g

B　マカデミアナッツオイル…90mℓ

C　小麦胚芽オイル…10mℓ（全体の10%程度）

［用意するもの］

ガラス瓶（漬け込み用、煮沸する）、遮光容器（容量130 ～ 150mℓ、保存用、煮沸する）、ガーゼ

― バームの材料 ―

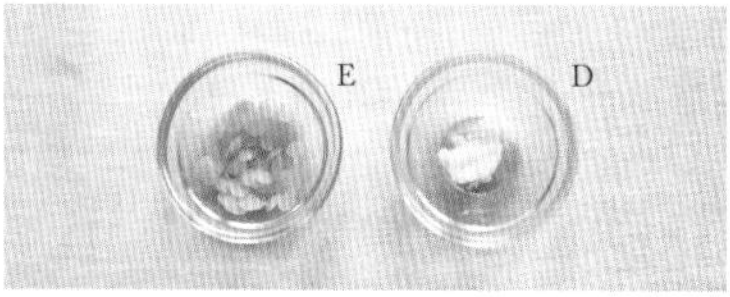

（でき上がり 約25g）

D　シアバター… 2g

E　ミツロウ… 4g（未精製）

未精製が肌に合わない方は精製を使用する。

＊カレンデュラオイルの浸出油（20mℓ）を使う。

［用意するもの］

鍋、耐熱容器、遮光容器（容量25 ～ 30mℓ、保存用、煮沸する）、竹串、ガラス棒

＊ハーブの効用と使用上の注意はP.214 ～ 220を参照。

― 浸出油の作り方 ―

1. ガラス瓶にドライカレンデュラを入れ、2つのオイルを注ぐ。1日1回瓶を振り、日当たりの良い場所で2～3週間置く。

2. 浸出油ができ上がったらガーゼで濾《こ》す。

3. 遮光容器に入れる。冷暗所で保存し、3か月くらいで使い切るようにする。

― バームの作り方 ―

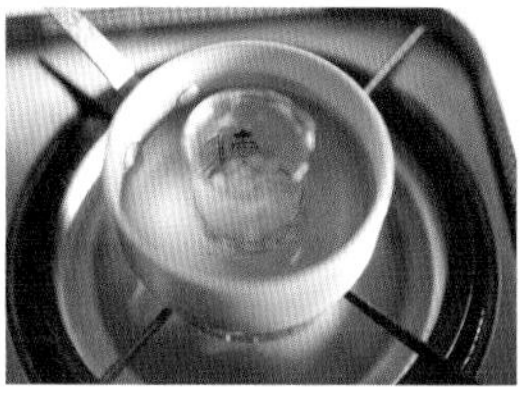

1. カレンデュラオイルの浸出油とミツロウを耐熱容器に入れて湯煎する。

2. ミツロウが溶けたら竹串でシアバターを取って入れ、火を止める。耐熱容器を湯から取り出し、ガラス棒でひと混ぜする。

3. 遮光容器に流し入れる。冷めて固まったらでき上がり。冷暗所で保存し、1か月くらいで使い切るようにする。

【二】

雨水《うすい》

二月十九日～三月五日頃

山にかかる霞が木立を流れ
雪解け水が野原や田畑を潤す

空から舞い降りていた雪は、雨へと姿を変えはじめます。まだ気温も低く、咲く花の種類は少ない時季ですが、その中でも黄色の花が多いのが特徴です。これは、昆虫が見つけやすい色が黄色だから、といわれています。

黄色い花の中でもとりわけ人気が高いのはミモザではないでしょうか。早春の陽射しを浴び、レモンイエローの花がたわわに咲く様子は、明るい未来を一緒に運んできてくれるようで、幸せな気持ちになります。国際女性デーでは、ヨーロッパ、特にイタリアで男性が女性にミモザを贈る習慣が有名です。

早春の黄色い花の代名詞のようなミモザですが、じつはこのミモザという名は通称で、正式名称ではありません。ミモザの学名はアカシア（Acacia）、マメ科アカシア属。日本の庭木として人気の品種もギンヨウアカシアやパールアカシア、サンカクバアカシアなど、アカシアという名前なのです。

ではどうしてミモザと呼ばれているのでしょうか。じつはミモザ（Mimosa）の学名を持つのは、マメ科オジギソウ属。アカシアの原産地、オーストラリアに自生するフサアカシアの葉がオジギソウの葉に似ていたため、ヨーロッパに輸入された際、ミモザという名で呼ばれたのです。以来、アカシア属の黄色い花はミモザとして親しまれています。

ミモザは園芸用だけでなく、精油や香料としても活用されています。香料として主に使われるのは原産地に多いフサアカシアの花。ミモザ精油は甘く華やかで、精神状態を安定させ、ストレスを和らげる手助けをするといわれています。ただし、かなり粘度

【二】

雨水《うすい》

青い空に揺れるミモザは早春に咲く黄色い花の代名詞

が高く、精油としては希釈されているものが多いため、アロマ業界よりも香料業界で主に活用されています。

可愛いだけでなく、さまざまな用途で活躍するミモザですが、やはり何よりもあの黄色い花が元気の源。ミモザの花の黄色が青い空に揺れる様子に憧れて、十号鉢のミモザを育てたことがあります。驚いたのは生命力が強すぎて根が鉢から飛び出し、鉢の下の地面にまで根を張ってしまったことです。

ミモザは前年の夏頃から小さく蕾をつけはじめ、季節と共に少しずつふくらんできます。大切に育てていたミモザの蕾が、はじめてぽわりと開いたとき、まるで天使が訪れたかのような幸せな気持ちになりました。そのときの心躍る気持ちは毎年ミモザを目にするたびに思い出します。

この節の七十二候

初候　2月19日～2月23日頃

土脉潤起

（つちのしょううるおいおこる）

空からの雪が雨に変わり、大地を潤しはじめる頃

次候　2月24日～2月28日頃

霞始靆

（かすみはじめてたなびく）

春の雨や水蒸気で、山々の景色に春霞がたなびく頃

末候　3月1日～3月5日頃

草木萌動

（そうもくめばえいずる）

柔らかな春の陽光を感じた草木が芽吹きはじめる頃

シンプルなクッキーが
エディブルフラワーで大変身

まるで花畑のようなチョコレートクッキーは、市販のクッキーにひと工夫。クッキーにチョコレートを塗り、ドライのエディブルフラワーを散らしました。作り方は、①チョコレート15gを湯煎して溶かし、小さじ½弱のサラダ油を加えてよく混ぜる。②クッキーの表面に❶を塗る。③チョコレートが固まらないうちにエディブルフラワーをのせて完成。サラダ油は照りを出すためなので、なくてもOK。

＊エディブルフラワーについてはP.209を参照。

くすんだ黄色がやさしげ
ミモザのドライフラワー

ミモザはドライフラワーになっても色合いが美しく残る花の一つ。生花のときとはまた違った少しアンティークな色合いがやさしげです。できるだけ自然な形で、葉も残した状態で飾りましょう。試験管やビーカーに活けるほか、ガラス瓶の中にテラリウムのようにしても素敵。黄色の色合いをきれいに残すなら、陽に当たらないように保管するのがポイントです。

【二】雨水《うすい》

柔らかな色合いで早春の草花を束ねる

太陽の光がそれほど強くない春先は、草花も繊細な色や姿のものが多く見られます。この時季ならではの柔らかな色合いを生かして早春の花束を作りましょう。ポイントは華やかすぎない組み合わせ。シルクのような質感のラックスラナンキュラスは単品だとゴージャスですが、あえて地味めなシダ植物や枝ぶりの面白いユキヤナギと合わせるとやさしい雰囲気になります。

水切り作業のひと手間が植物を長持ちさせる

切り花の水切りは、断面積を広くするため、切り口は斜めに切りましょう。水中深くで切ることで水圧がかかり、水が効率よく茎の中に入っていきます。茎の先端近くはバクテリアがいる可能性があるので、切り戻す場所は先端から2～3㎝のところ。花を切るハサミや花瓶はよく洗い、常に清潔に保つことも重要です。

暮らしの手作り

幸せを呼ぶ早春のミモザリース

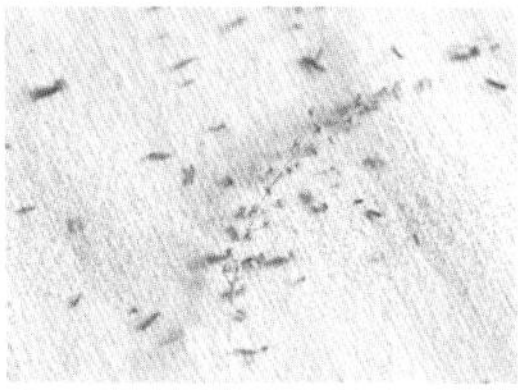

早春のリースとしてすっかりおなじみになったミモザ。このリースに使った花材はすべてアカシアです。葉が赤茶だったり、笹のように細かったりしますが、どれも同じように黄色いほわほわの花を咲かせます。

ミモザの花は、ドライフラワーになる過程で重力に負けて下を向いてしまうので、作ったら二、三日は平置きにしておきましょう。半乾きになってからドアや壁などに掛けると美しい形が保てます。ぽろぽろと残った葉っぱや花も可愛いので、そのまま小皿などに置いてドライフラワーとして飾っても素敵です。

— 材料 —

(直径20cmのリース1個分)
＊本数は目安。花材の状態で適宜変える。

A　ギンヨウアカシア…5〜6本
B　パールアカシア…1本
C　アカシアフロリバンダ…1本
D　アカシアプルプレア…1本
E　アカシアオーレア…1本

[用意するもの]
リース土台（赤づる・直径20cm）、リースワイヤー、花バサミ

— 作り方 —

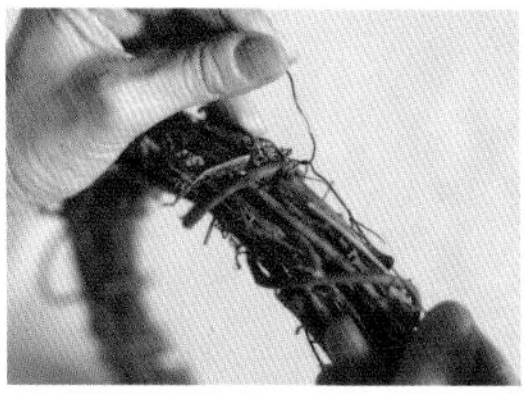

1. 土台にワイヤーを巻き、ねじって留める。ワイヤーは最後まで切らずに巻くため、巻きはじめの端は長めに残しておく。

2. すべての花材を6〜7cmに切る。適宜選び、花を上にして束ねて手に持つ。

3. 土台に**2**の束をワイヤーで2〜3回しっかり巻きつける。次の束は花と茎の向きをそろえ、最初の束を隠すように巻く。

4. **3**を繰り返しながら束をぐるりと巻く。

5. 最後の束は最初の束の下に茎を入れ込んで巻く。最後のワイヤーは切り、最初に残したワイヤーとねじって留める。

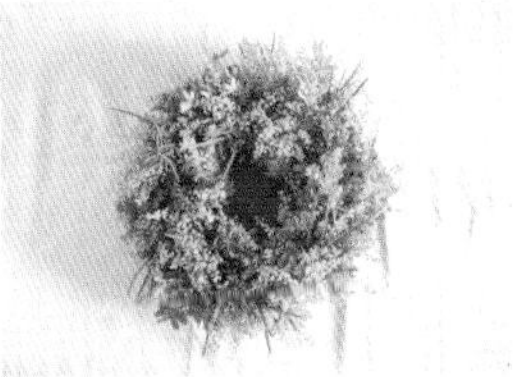

6. 全体のバランスを見て花材を足す。壁掛け用にワイヤーを裏側に通してでき上がり。

【三】

啓蟄《けいちつ》

三月六日～三月二十日頃

大地が暖まり冬ごもりの虫が
土から這い出し動きはじめる

可愛らしいタンポポは実はすばらしい薬草食用花としても歴史あり

冬ごもりをしていた虫や動物が、春の陽気に誘われて目覚める頃です。この時分になると朗らかな陽射しを浴びた小さな草花が力いっぱいに花を咲かせ、だんだんと賑やかになってきます。

子どもの頃、よく空き地で花を摘みました。一番摘んだ花は何か、といったらタンポポかもしれません。黄色い花はもちろんのこと、綿毛になった姿も愛くるしいこの花が、じつはすばらしい薬草だと知ったのはだいぶ大人になってからです。

タンポポはキク科タンポポ属。原産地は中国や日本、ヨーロッパなど。日本での代表的な品種には、関東地方に多く生息するといわれるカントウタンポポと、ヨーロッパからの外来種、セイヨウタンポポがあります。大きな違いは総苞外片《そうほうがいへん》（後ろの萼《がく》のようなもの）の向き。花弁に沿うように立ち上がったものがカントウタンポポ、下向きにそり返ったものがセイヨウタンポポです。現在、目にするタンポポのほとんどの総苞外片はそり返っていますが、セイヨウタンポポとカントウタンポポがすでに自然に交配しているため、雑種もかなり多く、総苞外片だけではどちらか判断できないという説もあります。

薬草としてのタンポポはというと、その活用法は多岐に渡っています。中国では東洋産のモウコタンポポを蒲公英《ほこうえい》という名の生薬として、全草を利尿や肝臓のために用い、ヨーロッパではダンデライオンの名で、葉はむくみの改善や利尿として、根は肝臓、胆のうの強壮や浄化、疲労回復などに利用されてきました。ダンデライオンの根を焙煎したものは日本ではタンポポコーヒーと呼ばれ、カフェインを含まず、妊娠中や授乳期にも飲めるお茶とし

【三】

啓蟄《けいちつ》

て知られています。

食用花としての歴史も古くからあるタンポポ。日本では、「ふじな」や「たな」と呼ばれ、江戸時代にはすでにタンポポの花を食べていたそう。花以外に柔らかな若葉も食べられます。

春の山野草には苦みのあるものが多いですが、この苦みには解毒作用があることをご存じの方も多いでしょう。早春のタンポポの葉も例に漏れず、ほどよい苦みがあります。たっぷりのトマトソースとチーズにタンポポの葉と花を散らしたタンポポピザは、赤、緑、黄色と見た目にも美しく、一口食べれば早春の香りが体の中を吹き抜けていくような心地よさです。

禁忌 ダンデライオンは、胆のう閉鎖、重篤な胆のう炎、腸閉塞、キク科アレルギーの方は使用を避けてください。苦みが強く、胃酸過多になる可能性があります。

この節の七十二候

初候 3月6日～3月10日頃

蟄虫啓戸

（すごもりのむしとをひらく）

冬ごもりをしていた虫が春の陽気を感じ、外に出てくる頃

次候 3月11日～3月15日頃

桃始笑

（ももはじめてひらく）

笑顔がほころぶように桃の花が咲きはじめる頃

末候 3月16日～3月20日頃

菜虫化蝶

（なむしちょうとなる）

サナギの中の菜虫（青虫）が蝶となり舞いはじめる頃

ピンク色の桃の花が幸せの彩りを添えるエディブルちらし寿司

蓮根、椎茸、ゆでた絹さや。普段の五目ちらし寿司に可愛らしい桃の花をあしらいました。じつは桃はエディブルフラワー。中国や台湾をはじめ、料理やお酒に使われています。日本でも江戸時代の料理本につけ合わせとして登場。味は少し苦みがあるので少量に。飾りとしてあしらう花は、丸ごとでもかまいませんが、食べるときは花びらだけを取り、中心部分は残しましょう。農薬を使っていなければ庭の桃の花も食べられます。

水苔と山苔をあしらって芽吹きの野山を再現

春の到来を感じさせてくれるミニ球根は身近に飾りたい植物の一つ。水苔と山苔を使って山の芽吹きを部屋で楽しみましょう。足つきグラスは器自体の背が高いので、テラリウムのように器の中に小さな球根を活けるとよいバランスに。マグカップタイプの器には茎が長めの球根を活け、カップの縁に寄りかからせて。そのままだと倒れてしまう茎が安定します。

成分をたっぷり摂れる ハーブカプセルを味方に

ドライハーブを粉末にして食品カプセルに詰めれば、ハーブの成分を余すことなくいただけます。ハーブは、免疫力アップにはエキナセア、胃腸の調子を整えるにはペパーミントなど、期待する効用で選びましょう。作り方は、コーヒーミルでハーブを粉砕し、さらに茶こしでふるい、粉状にしてカプセルに詰めます。粉末ハーブは空気に触れる面積が多く劣化が早いため、冷凍庫で保存し、1週間で飲み切ります。

＊ハーブの効用と使用上の注意はP.214 ～ 220を参照。

みずみずしい球根の シンプルな器活け

ミニ球根は苔を入れずに水だけで活けても透明感があって素敵です。水の量は球根が浸からない程度にして毎日替えましょう。水替え時の注意点は、根が傷まないように必要以上に根をいじらないこと。シャーレのような浅い器に2～3個斜めに置いたり、小さな四角い器に違う種類の球根を並べたり。色別や形別など、自由に組み合わせて春の窓辺を飾りましょう。

暮らしの手作り

春の芽吹きを楽しむ
球根アレンジメント

啓蟄《けいちつ》

啓蟄の時季は秋植えの球根植物が芽吹くとき。クロッカスやフリージア、チューリップやアネモネなど、華やかな花が花屋さんに並びます。

小さな球根は手軽な水耕栽培が人気ですが、フローラルフォームを使えば、切り花用の草花や枝もの、苔などと合わせる表現も可能です。

アレンジで気をつける点は苔に埋める球根の深さと水の量。球根自体が水に浸かると腐りやすくなってしまうため、保水するときは水苔が湿る程度にしましょう。たまに器を傾けて溜まった水を捨ててから新しい水を注ぐと、水も腐りにくく、長持ちします。

― 材料 ―

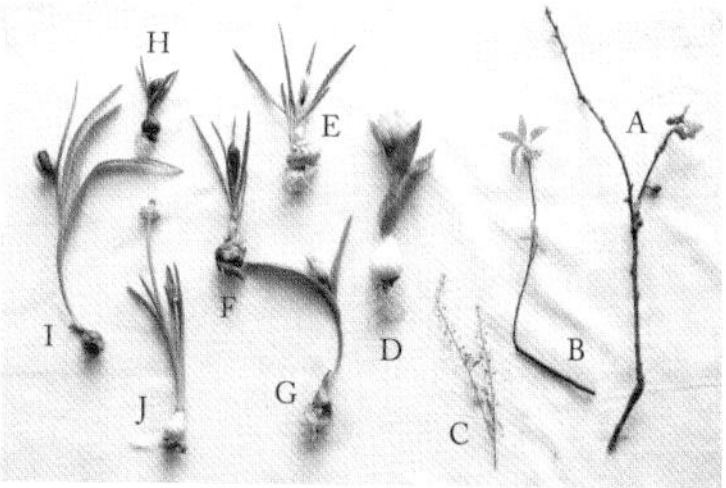

＊本数は目安。花材の状態で適宜変える。桃、クロモジ、ナズナは１本を切って使用。

A　桃…１本
B　クロモジ…１本
C　ナズナ（タラスピオファリム）…１本
D　コンパクトチューリップ
　　フレミングベイビー…１本
E　クロッカス（薄紫）…１本
F　クロッカス（濃紫）…１本
G　原種系チューリップ　ポリクローム…１本
H　原種系チューリップ　テタテ…２本
I　原種系チューリップ
　　ペルシアンパール…１本
J　ムスカリ…２本

［用意するもの］

水苔、山苔、フローラルフォーム、防水テープ（フローラルフォーム用）12㎜、活ける器、花バサミ、カッター、割箸

水苔は保水性が高いので、球根を支えながら吸水させるために、山苔は見た目を美しくするために使用。山苔がなければ水苔だけでもOK。

― 作り方 ―

1. 吸水させたフローラルフォームを縦３×横５×高さ３㎝に切り、上部を面取りし、防水テープで花器に貼りつける。

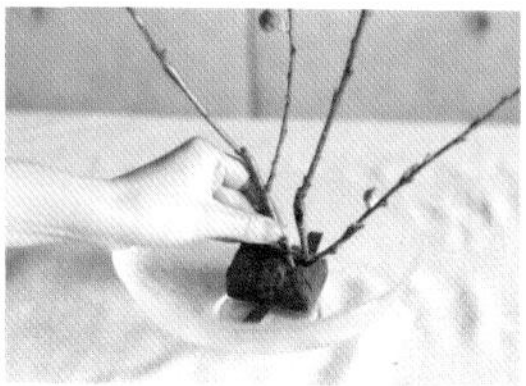

2. 桃とクロモジを、高低差を出しながら３〜４本フローラルフォームに挿す。

3. ナズナを枝の周りを囲むように挿す。

4. 湿らせた水苔をフローラルフォームの周りに置く。

5. 水苔に根が埋まるように球根を置いて安定させる。球根の頭は埋めない。割箸などを使うと便利。

6. 水苔とフローラルフォームを隠すように山苔を敷き詰める。このときも球根の頭が埋まらないようにする。

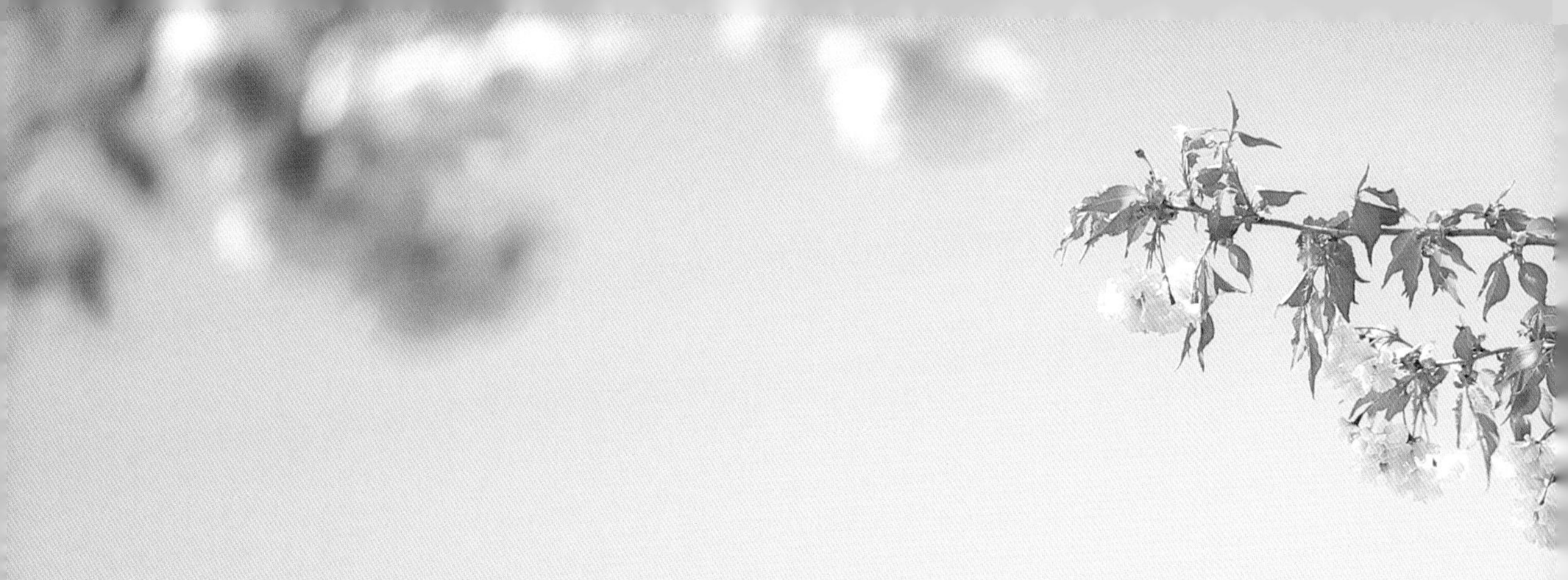

【四】

春分《しゅんぶん》

三月二十一日～四月四日頃

昼夜が同じ長さになる節目
蕾がふくらみ桜の花開く

春分の初日は昼と夜が同じ長さになる日。この日を境にだんだんと一日の中での昼間の時間が長くなってきます。草木は芽吹き、花々は咲き匂う、一年の中でも色彩豊かな季節です。この時季の山々のことを「山笑《やまわら》う」といいますが、鮮麗な植物の姿を見ていると本当に微笑んでいるように感じます。

山を彩る花として真っ先に挙げる花といえば、やはり桜でしょう。青空に優美に咲き誇る姿は、太陽の光を一心に受け、輝くばかりの美しさです。

桜はバラ科サクラ属。日本には野生種は約十種あり、そこから自然交配や変種、さらに人の手により交配された園芸種を加えると、その数は三百種以上といわれています。

その中でも代表的な園芸種はソメイヨシノです。ソメイヨシノは野生種のオオシマザクラとエドヒガンの交配種。樹形の美しさや花つきのよさはオオシマザクラの性質、葉がないうちに花を咲かせるのはエドヒガンの性質です。同じ時季に一斉に咲き誇り、散るという、人々を魅了したその性質は、現在、日本にあるソメイヨシノが単一の木から挿し木や接ぎ木で増やされたクローン種であることが大きく関係しています。

この季節のお菓子として代表的なものに桜餅がありますが、塩漬けの葉が桜の香りのイメージという方も多いのではないでしょうか。この香りはクマリンという成分。オオシマザクラの葉で作られることが多いのですが、葉をそのまま嗅《か》いでもほとんど香りません。けれども、葉を破いたり、桜餅の葉のように塩漬けにしたりするとよく香ります。じつは私たちにとってはいい香りであるクマリンは、桜にとっては外敵から身を守る毒性成分。そのため、普段は自分たちには害のない形で葉の中にクマリンを溜めておき、虫に葉が食べられたときなどに香りで放出します。植物たちは自分の身を守るためにさまざまな方法を工夫して生きているのです。毒と聞くとびっくりしますが、桜餅の葉を食べるくらいなら問題ありません。ただし、大量に食べることは控えたほうがよいでしょう。

アトリエの前の緑道は桜並木で、私も毎年お気に入りの場所でお花見をします。普段は穏やかな緑道が大賑わい。薄ピンクのまばゆい桜の木の下で、たくさんの笑顔がはじける風景を眺めていると、何よりの幸せは変わらぬ日常であることを実感します。

この節の七十二候

初候 3月21日〜3月25日頃

雀始巣

(すずめはじめてすくう)

昼が長くなり、雀が朝から晩まで巣を作りはじめる頃

次候 3月26日〜3月30日頃

桜始開

(さくらはじめてひらく)

春の晴れやかな青い空の下、桜の花が咲きはじめる頃

末候 3月31日〜4月4日頃

雷乃発声

(かみなりすなわちこえをはっす)

気温が上がり、冬の間は鳴らなかった雷が鳴りはじめる頃

【四】

春分《しゅんぶん》

一斉に咲き誇り、散る
代表的な園芸種、ソメイヨシノは
日本人を魅了する花

明るい肌を取り戻す
ローズクレイパック

ローズの香りに包まれて心まで美しくなれそうなパックは、精油とハーブ両方を使ったスペシャルケアです。作り方は、汚れの吸着を助けるカオリン(クレイ)大さじ２に、精製水または芳香蒸留水大さじ１½、ローズオットー精油１滴、ローズパウダー小さじ２を入れてよく混ぜて完成。洗顔後の清潔な肌に目と口を避けて塗り、５分ほどで洗い流します。

＊つける前に必ずパッチテストをすること。問題があった場合は使用を中止してください。
＊芳香蒸留水についてはP.65を参照。

ほのかに香る
草原のアロマ香水

精油とエタノールで作るフレグランス剤。作り方は、①シダーウッド６滴、フランキンセンス６滴、ラベンダースピカ６滴、ゼラニウム６滴、ジャスミン３滴、ネロリ３滴、グレープフルーツ９滴、レモン12滴、ユーカリラディアータ９滴を混ぜる。②煮沸した香水瓶に入れ、無水エタノール25㎖を混ぜる。③１日１回よく振り、２〜３週間で熟成させる。直射日光、高温多湿を避けて冷暗所で保管し、１か月で使い切りましょう。

＊つける前に必ずパッチテストをすること。問題があった場合は使用を中止してください。
＊でき上がり量25㎖に対し、精油の濃度は約12%です。
＊精油の効用と使用上の注意はP.214〜220を参照。

【四】

春分《しゅんぶん》

お花見気分が味わえる桜の花びら入りスプリングクレープ

ほんのりピンクが愛らしい桜の塩漬けを入れたクレープです。塩漬けはかなり塩気が強いので、料理に使うときは一度水に浸して塩抜きを。クレープを作るときは、サラダ油をひいたフライパンにまず桜の塩漬けを並べるのがミソ。こうすることで、先に種に混ぜるよりも桜の形がきれいに残ります。ツナや野菜などを加えて総菜風にしても、あんや求肥で桜餅風デザートにしても。市販のクレープミックスを使えば手軽に作れます。

写真上から時計まわりに、フェンネル、ネトル、ダンデライオン、ジュニパーベリー。

活動的になる春にこそ解毒ブレンドハーブティー

老廃物を出し、体内を整えてくれるブレンドハーブティー。おすすめは、肝臓の機能を助けるダンデライオン、むくみを緩和するジュニパーベリー、胃腸などの消化機能を改善するフェンネル、浄血のハーブといわれ、血液をきれいにするネトルの4つ。水500mℓにハーブ各小さじ1が目安ですが、分量はお好みで調整を。ジュニパーベリーとフェンネルは少しつぶして使います。

＊ハーブの効用と使用上の注意はP.214～220を参照。

暮らしの手作り

盆栽風お花見アレンジメント

春分《しゅんぶん》

日本の園芸文化の一つとして、草木の自然な姿を小さな世界で表現する盆栽があります。少々敷居が高そうですが、和食器とフローラルフォームを使えば手軽に盆栽風が楽しめます。花器にしたのは、おせち料理などに使う二段重ねの蓋つきの器。穴がない入れ物で、フローラルフォームを入れることができればどんな器でも活けられます。

この季節は足元の植物も可愛らしい頃。アレンジではシダ植物の新芽のコゴミやゼンマイなどが地面すれすれから顔を出す様子も再現しました。山苔をあしらえば、さながら春の森のようです。

― 材料 ―

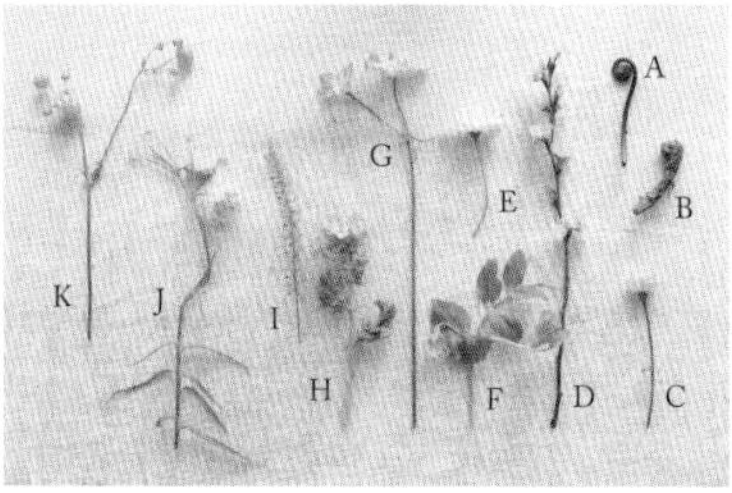

＊本数は目安。花材の状態で適宜変える。

A　ゼンマイ…５本
B　ココミ…３本
C　シオン…１本
D　ケイオウザクラ…２本
E　マーガレット…１本
F　エンドウマメの花…１本
G　リューココリネ…２本
H　菜の花…３本
I　ナズナ(タラスピオファリム)…１本
J　バイモユリ…１本
K　グリーンベル…１本

［用意するもの］

山苔、フローラルフォーム、活ける器、花バサミ、カッター

― 作り方 ―

1. フローラルフォームに吸水させ、活けたい器の大きさに切って器にはめる。

2. ケイオウザクラを高低差を出しながら4、５本に切り分け、器の中心よりも少し後ろに挿す。

3. ケイオウザクラの手前に少し低めの高さで菜の花を挿す。

4. ケイオウザクラと菜の花のまわりにリューココリネ、グリーンベル、バイモユリ、ナズナを挿す。

5. エンドウマメの花やマーガレット、シオン、ゼンマイ、コゴミなどの背丈の低いものを挿す。

6. フローラルフォームを隠すように山苔をのせてでき上がり。

【五】

清明《せいめい》

四月五日～四月十九日頃

晴れやかに澄んだ光の中
万物が鮮やかに輝きを増す

庭先を彩る観賞花からフローラルな香りのハーブまで品種が豊富なゼラニウム

清明という節は、天も地も、すべてのものが生き生きと輝きを増す時季。この言葉を聞くだけで、地球上の生きものが明るく、きらきらと成長していく、そんな様子が目に浮かぶよう。緑豊かな草花や草木が好きな私にとって、外を歩くだけで心躍る、天国のような至福のときです。

そんな生命が輝く季節にふさわしい、香りの植物があります。わずかに緑っぽさを含む、フローラルな香りのゼラニウムです。

ゼラニウムはフウロソウ科ペラルゴニウム属。観賞用から香りのある薬用のものまで三百種以上あります。芳しい香りを漂わせるのは、センテッドゼラニウムと呼ばれる品種。目にも鮮やかな赤やピンクの花を咲かせる観賞用のゼラニウムとは品種が異なり、薬用として使われています。

香りがあり、ハーブとして活用されるゼラニウムの和名はニオイテンジクアオイ。南アフリカ原産で、江戸時代にヨーロッパより渡来したといわれています。観賞用のゼラニウムに比べ、花は小さく、楚々としていてその大きさは一、二センチほど。花時期は四月から七月ですが、現在は四季咲きの品種も出ています。ハーブとして使うのは葉。鉢物として花屋さんで売られることも多く、総称してセンテッドゼラニウム、または香りの特徴によりローズゼラニウムやレモンゼラニウムなどの名で出まわっています。

主な活用法は精油です。ゼラニウムといえばバランスといわれるほど、心身全体を調整してくれるハーブであり、特に女性特有の不調の改善に効果が期待されています。ローズと同じ成分が含まれているため、古くから香料としての活用も。ほどよい甘さと

清明

せいめい

華やかさ、そして芯の強さを持ち合わせた香りは、主張しすぎず、精油をブレンドする際にも度々登場します。

切り花としても人気のゼラニウムは、主にグリーン花材として活躍。葉の色や形は種類がありますが、私のお気に入りは斑《ふ》入りのタイプです。ところどころに白い斑の入ったゼラニウムの爽やかなビジュアルは、香りと相まってさらに美しく見えます。

気品のあるフローラルグリーンの香りがふわりと鼻に抜けるゼラニウムの花束は思わず抱きしめたくなってしまうほど。心癒される香りも一緒にお届けできる、幸せの花束です。

この節の七十二候

初候　4月5日～4月9日頃

玄鳥至

（つばめきたる）

暖かな南の国で過ごしていたツバメが海を渡ってくる頃

次候　4月10日～4月14日頃

鴻雁北

（こうがんかえる）

冬鳥のガンがツバメと入れ替わりに北の国へ帰っていく頃

末候　4月15日～4月19日頃

虹始見

（にじはじめてあらわる）

冬の間は姿を潜めていた虹が空にかかりはじめる頃

エディブルフラワーを ゼリーに閉じ込めた 二層チーズケーキ

市販のチーズケーキミックスを使った二層ケーキです。作り方は、①水250mℓと砂糖大さじ2を火にかける。②砂糖が溶けたらレモン汁35mℓとゼラチン5gを加えてよく混ぜ、常温まで冷ます。③チーズケーキを器に入れ、その上にゼリーの層を作り、冷蔵庫で冷やして完成。きれいに花を閉じ込めるコツは、ゼリー液と花を入れて固める、を2〜3回繰り返すこと。下の層に大きめの花、上の層に小さな花を入れると美しくできます。

チューリップの長い茎が しなやかに曲線を描く

チューリップは浅い器に平たく活けると、楚々とした趣が加わってとても素敵です。平活けにするには、まず茎をさすりながらしならせ、次に切り口を器の側面の角度に合わせて斜めに切ります。側面に沿って茎をカーブさせ、花頭は器の外に。カーブさせるときに力を入れすぎると茎が折れてしまうので注意しましょう。平皿に張る水は深さ2cmくらいを目安に。

水分をたっぷり含む球根植物の切り花には花瓶の水は少なめに

球根植物は茎もみずみずしく、多くの水分を含んでいます。そのため、茎が水に浸かりすぎてしまうと腐敗の原因に。花瓶には少量の水で活けること。これを浅水《あさみず》で活ける、といいます。切り口を常に新鮮に保つため、切り戻しをしてあげることも長持ちさせるコツです。球根植物以外にも茎に産毛が生えているガーベラなども同じように浅水で活けます。

美肌をめざす最強のブレンドハーブティー

紫外線が強くなってくると、気になってくるのが肌の新陳代謝やトラブル、そして日焼けです。そんなときは代謝を促し、抗酸化作用のあるビタミンCや美白作用のあるアルブチンを補給するブレンドハーブティーを。ハイビスカス、ローズヒップ、ヒースの組み合わせは相乗効果も抜群。ガラスのティーポットに入れれば見た目にも美しく、お茶を入れる時間さえも美容タイムに変身しそう。

＊ハーブの効用と使用上の注意はP.214～220を参照。

暮らしの手作り

春の景色を部屋に運ぶ
草花のテーブルリース

清明《せいめい》

季節や動植物の変化を感じながら、自然と共に生きる。緑豊かな地で過ごせたらいうことなしですが、都会暮らしとなるとなかなか難しいもの。そこで考えたのが、春の野原で摘み取ってきたような草花のテーブルリースです。

生花を楽しむリースなので、保水が必要。一日おきくらいに桶などに水を溜め、リースの三分の一くらいが浸かるように保水します。日々過ごすリビングやダイニングにこんなリースがあったらほっと心がゆるみます。楚々とした可憐な草花に触れるたびに春の空気が感じられるようです。

― 材料 ―

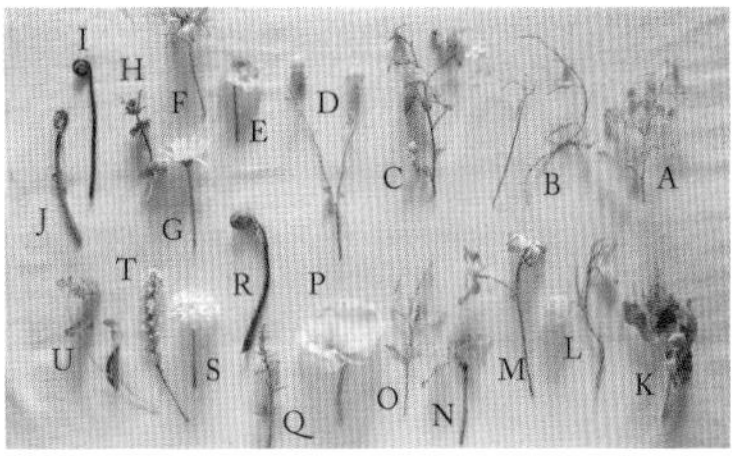

(直径20cmのリース)
＊本数は目安。花材の状態で適宜変える。

A アジアンタム…5本
B ハマダイコン…1本
C ヤマブキ…1本
D グリーンベル…4本
E ビオラ…5本
F ニゲラ…3本
G マーガレット…3本
H ホトケノザ…5本
I 姫ゼンマイ…5本
J ワラビ…5本
K エンドウマメの花…5～6本
L バイモユリ…3本
M リューココリネ…3本
N サクラの若葉…1本
O ナズナ(タラスピオファリム)…2本
P ラナンキュラス…2本
Q ユーカリ…2～3本
R ココミ…5本
S マム…3本
T ユキヤナギ…1本
U ブプレリウム…2本

［用意するもの］
フローラルフォーム(直径20cmのリング形)、花バサミ、カッター

― 作り方 ―

1. フローラルフォームに吸水させる。無理に沈めず、ゆっくりと浸るように水に入れる。

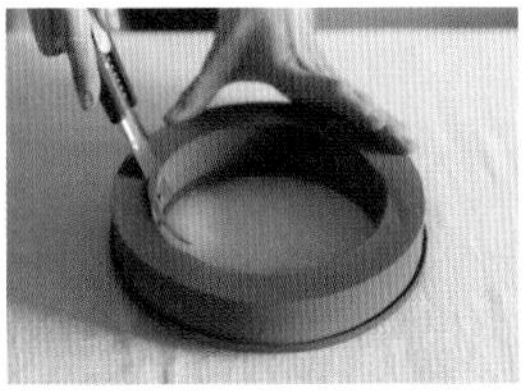

2. 花を挿す面積を増やすため、フローラルフォームの内側の角をカッターで面取りする。

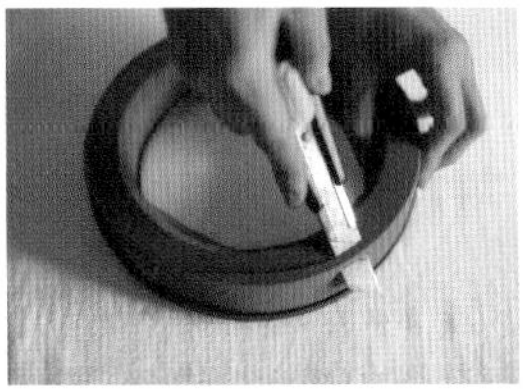

3. 同様に外側の角も面取りして花を挿す面積を増やす。

4. ベースになるグリーンを挿す。ブプレリウム、エンドウマメの花、アジアンタム、ユーカリなどを全体に。側面にも挿す。

5. 大きめの花を挿す。ラナンキュラスは2輪固めて、マムとマーガレットは一カ所に固まらないよう分散させる。

6. 残りの小花を、茎が柔らかめのものから隙間を埋めるように挿す。植物が群生するイメージで高低差をつけ立体感を出す。

【六】 こくう

穀雨

四月二十日〜五月五日頃

春の恵みの雨が降り注ぎ
穀物を潤し成長を助ける

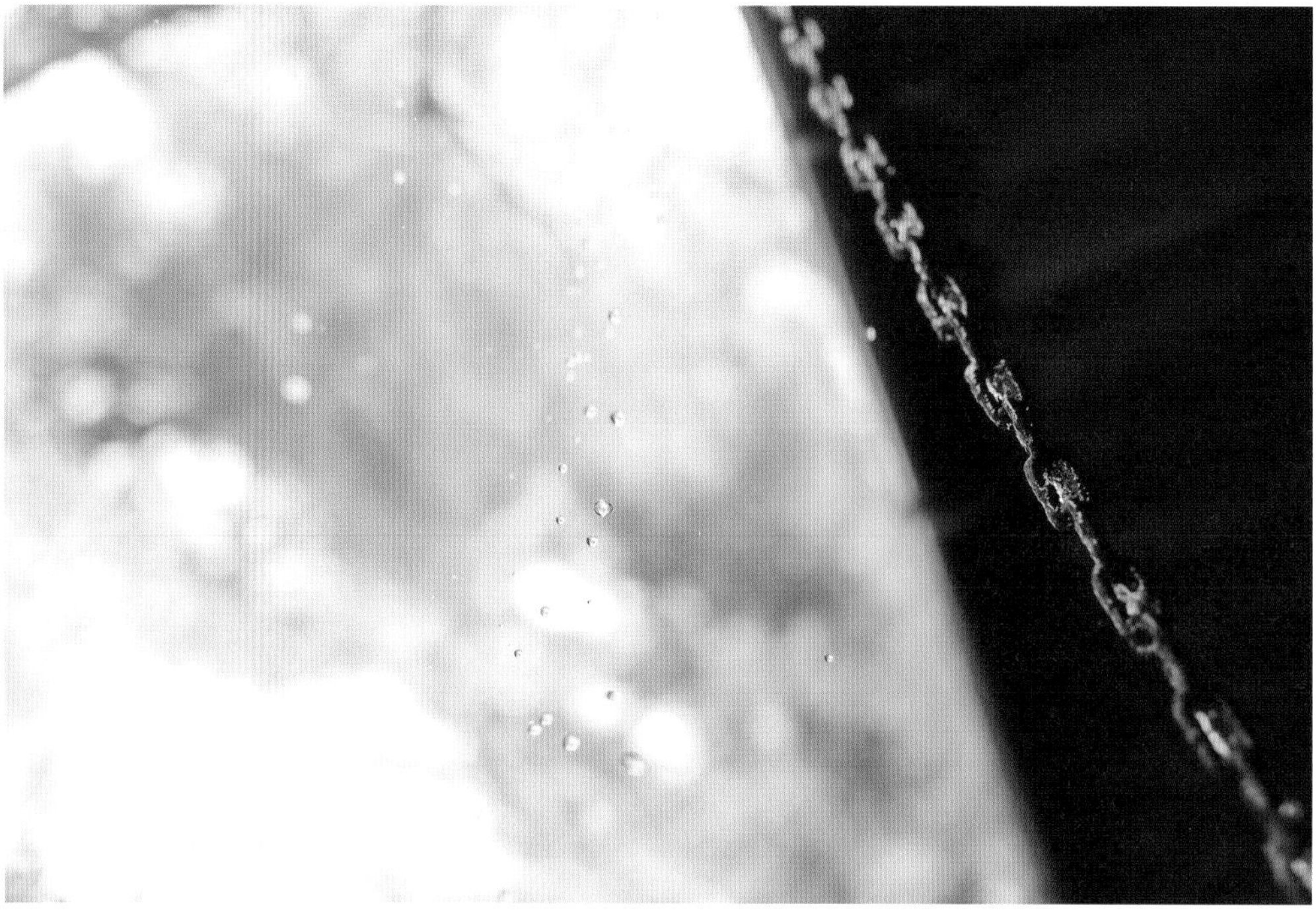

農耕にとって大切な恵みの雨が田畑を潤す時季です。不安定だった春の天気が落ち着き、急に冷え込んだり、霜が降りたりすることもなくなります。道ばたの草木からはフレッシュな緑を感じる香りが増え、次の季節への移り変わりを感じる頃。

大好きなハーブも旬を迎えますが、この季節一番に使いたいと思うハーブはローズマリーです。地中海沿岸原産、シソ科マンネンロウ属の常緑性低木で、和名はマンネンロウ。日本の気候にも合っていて、生命力も旺盛なので、ご自宅で育てているという方も多いかもしれません。

抗酸化作用が強く、若返りのハーブとしても知られるローズマリー。十四世紀、ハンガリーのエリザベート王妃がローズマリーを使って若さを保ち、七十歳を超えて隣国の国王に求婚された話はもっとも有名ではないでしょうか。

ローズマリーの使用方法は、ハーブティーやチンキ剤（アルコールにハーブを漬けて成分を抽出した液）のほか、料理などにそのまま使えます。生花とドライ、どちらでも使うことが可能です。料理の場合は、爽やかなローズマリーの風味を楽しむだけでなく、強い抗菌作用から肉や魚の防腐効果も期待できます。塩こしょうで下味をつけた肉や魚をローズマリーやほかのハーブと一緒に一晩寝かせ、当日は焼くだけというソテーは、簡単で風味もよく、おすすめです。ただし、ハーブの量が多いとえぐみを感じる場合があるので、少量から試してみるといいでしょう。

精油の場合、同じ学名のローズマリーでもローズマリーシネオール、ローズマリーカンファー、ローズマリーベルベノンなど、

抗酸化作用が強いローズマリーは若返りのハーブとしても有名

異なる名称のものがあります。これはケモタイプと呼ばれる精油で、同じ種類の植物でも育った環境により含有成分が異なることがあり、それらのタイプを分類したもの。含有成分が異なればそれぞれの精油の効能も変わってきます。一般的にはローズマリーシネオールが三種の中では一番刺激が穏やか。カンファータイプは特に刺激が強く、ベルベノンタイプと並んで、高血圧、乳幼児、妊娠中、授乳中、てんかんの方には精油の使用は禁忌となるので注意が必要です。

ご自宅でローズマリーが育ちすぎて困ってしまうという方は、ハーブティーやお料理だけでは使い切れない場面もありますよね。そんなときは、剪定したローズマリーを花束のようにまとめ、スワッグにして玄関に飾るのもおすすめです。ドアを開け閉めするたびにローズマリーの香りがふわり。浄化や魔除けにも使われたローズマリーのスワッグは、日々の暮らしをさらに豊かなものにしてくれることでしょう。

この節の七十二候

初候　4月20日〜4月24日頃

葭始生
(あしはじめてしょうず)

水辺にも葦の新緑が芽吹き水温も上がりはじめる頃

次候　4月25日〜4月29日頃

霜止出苗
(しもやみてなえいずる)

霜が降りなくなり、苗代では稲が育ちはじめる頃

末候　4月30日〜5月5日頃

牡丹華
(ぼたんはなさく)

牡丹が大きく艶やかな花を堂々と咲かせはじめる頃

臭みとりや香りづけに活躍するブーケガルニはハーブの束

ブーケガルニとは数種類のハーブを束ねたもので、肉料理や魚料理の臭みとりや風味づけに使います。フランス語でブーケは束、ガルニはつけ合わせの意味。1種類だけのハーブで作る場合はブーケサンプルといいます。肉料理にはセージ、ローズマリー、タイム、パセリ、ローレル、スイートマジョラムなど、魚料理にはディル、フェンネルなどが一般的ですが、好みのハーブを組み合わせてもOKです。

＊ハーブの効用と使用上の注意はP.214～220を参照。

本格料理の隠し味はハーブを束ねて縛るだけ

煮込み料理に加えるだけで本格的なハーブ料理ができ上がるブーケガルニ。作り方は簡単で、セロリなどの大きめの葉にほかのハーブを入れて包み、たこ糸で縛って完成です。ハーブは、生でもドライでも大丈夫。ドライハーブを使うときはお茶パックやガーゼ袋に入れると、クローブやペッパーなどの香辛料も一緒に入れられて便利です。ブーケガルニはあくまでも香りづけ。料理が煮え切る前に取り出し、入れっぱなしは避けましょう。

写真右から、セージ、ローズマリー、タイム、パセリ、ディル、セロリ。

【六】

穀雨《こくう》

毎日おちょこ1杯 ローズマリーワインは 健康維持への薬用酒

体に活力を与え、血行をよくし、女性に多い冷え性にもぴったりな薬用酒、ローズマリーワイン。作り方は、白ワイン500～700mℓに生のローズマリーを２～３枝漬け込みます。２週間で飲み頃に。漬け込む際は、よく洗い、水気を切ってから。毎日おちょこ１杯程度を飲むとよいでしょう。ただし、ローズマリーはえぐみも強いため、少量から試して調整を。

八十八夜にちなんだ お茶の葉のお菓子 練り切りあん

この季節の新茶とともにいただきたいお菓子の一つ、お茶の葉の形をした練り切りあんです。作り方は、①上新粉５gとグラニュー糖５gをよく混ぜ、白あん50gを加えてさらに混ぜる。②ラップに包み、蒸し器で15分間蒸す。③蒸し上がったら水を絞った茶巾にのせ、よくこね、ラップに薄く伸ばして包み、冷蔵庫で3時間寝かす。④生地に抹茶の粉を練り込み、葉っぱの形に成形し、葉脈を竹串で描く。⑤こしあんを包んで完成。ほろ苦い和菓子で夏を迎えます。

暮らしの手作り

ローズマリーの花冠リース

穀雨《こくう》

すっきりと爽やかな香りのローズマリー。花冠タイプのリースにすれば、アクセサリーとしても、インテリアとしても楽しむことができます。

両端をリボンで結ぶ花冠リースは、ある程度おおざっぱに作ってもリボンで調整できるので、きれいに仕上がります。土台にしたワイヤーは、好みの長さにできるほか、楕円や四角など自由な形にアレンジすることも可能。水の雫のような涙形もユニークな雰囲気でおすすめです。

ドライフラワーになっても形があまり変わらないローズマリー。いつまでも長く飾っておきたくなります。

— 材料 —

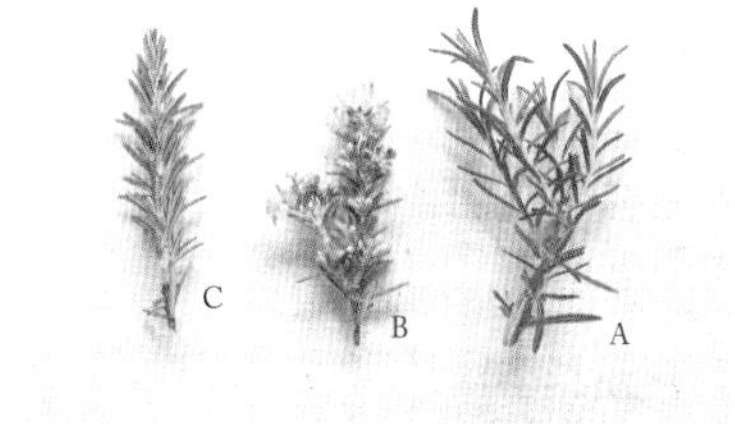

（直径20cmのリース１個分）

A　ローズマリー（匍匐性《ほふくせい》）※1 … 4～5本

B　花がついたローズマリー
（匍匐性、立性《たちせい》※2 どちらでも）… 2～3本

C　ローズマリー（立性）… 4～5本

※1　茎や枝が地面を這うように成長する品種
※2　茎や枝が直立して成長する品種

［用意するもの］

ワイヤー18番（1本）、フローラルテープ、リボン、花バサミ、ハサミ

［下準備］

ローズマリーA、B、Cは、それぞれ5～6cmに切り、下の葉を2cmほど取り除く。

— 作り方 —

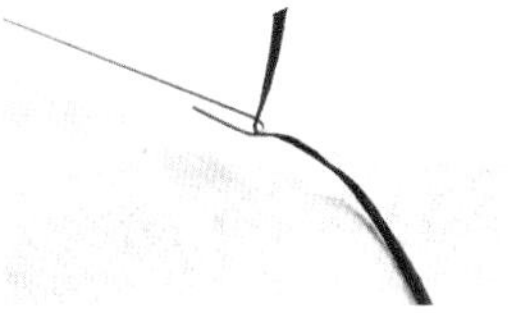

1. ワイヤーの先を少し曲げてリボンを結ぶ。反対側も同じようにする。

2. 結んだリボンがはずれないように、テープを端から端まで引っ張りながら巻いて土台を作る。

3. ローズマリーA、B、Cを土台にテープで巻きつける。同じ種類が隣り合わせにならないほうがバランスがよい。

4. 少しずつ巻く位置をずらしながら、同じ手順で葉先が同じ方向になるように巻く。

5. 最後はテープが見えにくくなるよう細めにし、葉先を逆にして巻く。

6. 土台を丸めて端のリボンを結んででき上がり。

灼熱の太陽に
露草はしぼむ
耳をふさぐのは蝉の声
入道雲が高く積み上がる
揺らめく陽炎《かげろう》が景色を歪ませる

突然、夕立が来た
にぎやかな雷を連れて
大地にまんべんなく雨を注ぐ
植物は音を立てて水を飲む

夏

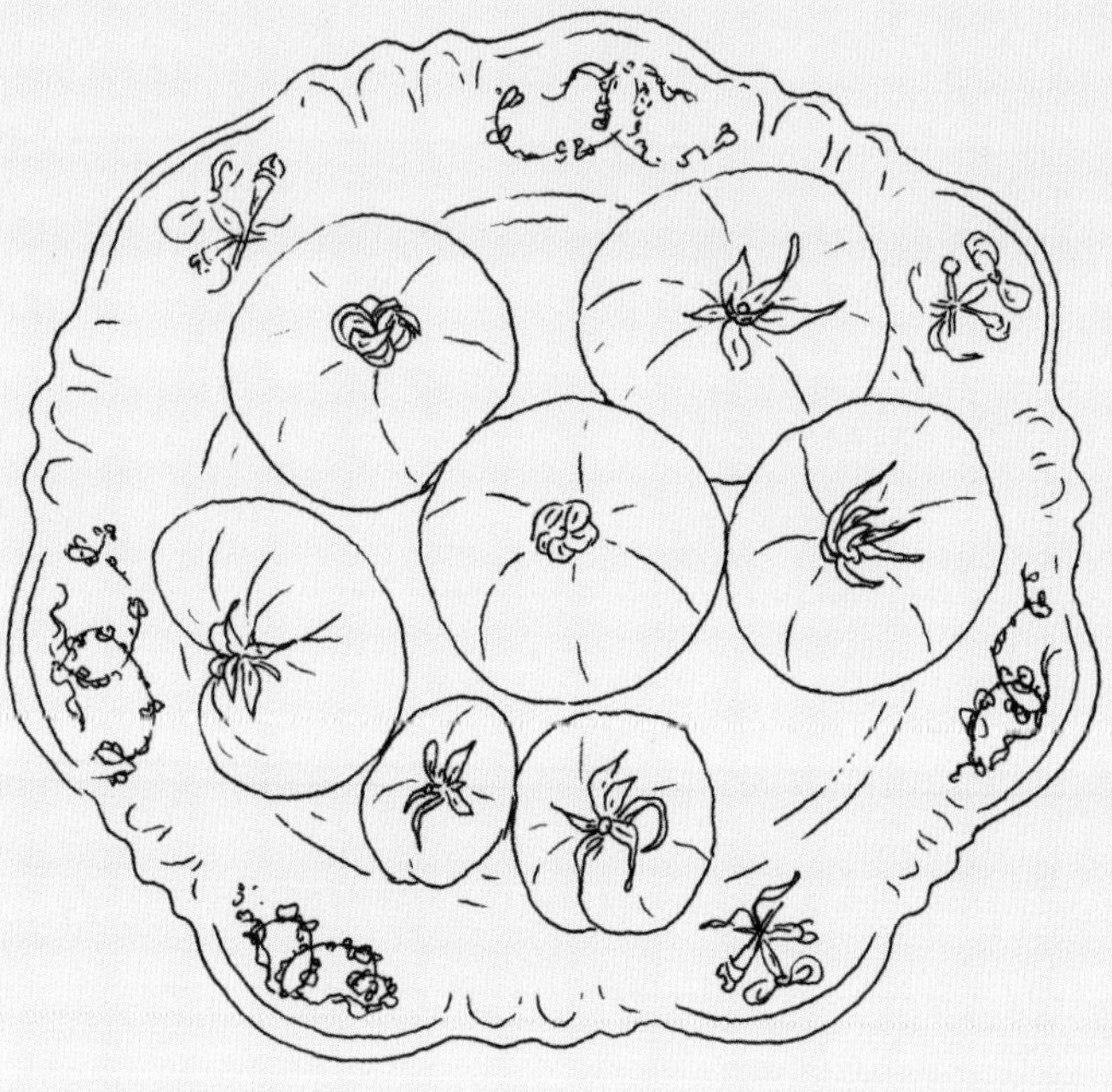

【七】

立夏《りっか》

五月六日～五月二十日頃

爽やかで気持ちよい新緑と風
暦の上では夏のはじまり

木々の隙間から降り注ぐ木漏れ日は、美しい光のかけらとなってそこかしこに。しなやかに風に揺れ、青々ときらめく草木たちからは生命の息吹があふれています。

リンゴのような甘い香りがするカモミールは、ちょうどこの季節の植物。キク科シカギク属、和名はカミツレです。観賞花やハーブティー、精油など、多方面で活躍する万能ハーブで、主に薬用とされている品種には、ジャーマンカモミールとローマンカモミールの二種類があります。

花が咲いたときに花の中心の黄色い部分、花托《かたく》が盛り上がり、花弁《かべん》（花びら）がそり返った姿になるのはジャーマンカモミール。背丈も三十センチほどになり、切り花としてアレンジしやすいのはこちらです。ローマンカモミールは、平べったい花托で、ジャーマンより背丈が小さめ、花壇や通路の土部分を隠すグランドカバーとして活用されています。

ハーブティーとして飲まれているのは、ほとんどがジャーマンカモミール。鎮静、鎮痙《ちんけい》作用にすぐれ、ストレス性の胃炎や不眠、女性特有のホルモンバランスの乱れから生じる冷え性、生理痛など、不調を和らげる救世主のような存在です。

精油としては、ジャーマンカモミール、ローマンカモミール、どちらもあります。薬草のような独特な香りがするジャーマンカモミールの精油は、鎮静、抗炎症作用にすぐれ、目の覚めるような青い色をしています。この色は抗炎症作用の強いカマズレン（アズレン）という特徴成分の色。この成分は生花にはなく、精油を抽出する蒸留の過程で、生花中のマトリシンという成分が変

立夏《りっか》

ハーブティーにも精油にも可憐な姿のカモミールは暮らしに寄り添う万能ハーブ

化して鮮やかな青色のカマズレンになるのです。物質が変化していく過程はとても美しく、深く心を動かされます。

一方、ローマンカモミールの精油は、生花と同じような甘くやさしい香りで、ほぼ透明。主にリラックス目的で使われます。

カモミールには私も多くの場面で助けてもらっています。胃に不快感があるときは、濃いめに煮出したカモミールティーを飲んでごろごろと寝転がり、肩や腰が痛いときは、精油を混ぜたボディオイルでマッサージ。肌荒れが気になるときは、顔を洗ってすぐに芳香蒸留水（注1）（フローラルウォーター）をたっぷり手に取って顔から体までしっかり浸透させます。

花市場で見かけると自然と手が伸びてしまうカミモール。甘い香りと華奢《きゃしゃ》で可憐な姿に潜む、はかり知れないパワーに、私自身がすっかり魅了されているのでしょう。

禁忌　カモミールのハーブティーや精油は、キク科アレルギーの方は使用を避けてください。

（注1）芳香蒸留水　植物原料を水蒸気蒸留し、精油を抽出する際に一緒に得られる芳香性の水溶液。

この節の七十二候

初候　5月6日～5月10日頃

鼃始鳴

（かわずはじめてなく）

野原や田んぼでたくさんの蛙の鳴き声が聞こえはじめる頃

次候　5月11日～5月15日頃

丘蚓出

（みみずいずる）

田畑を肥やしてくれるミミズが土の中から地上に現れる頃

末候　5月16日～5月20日頃

竹笋生

（たけのこしょうず）

おいしいタケノコが頭を出しぐんぐんと伸びていく頃

＊ここでいうタケノコは古来の品種、マダケであると考えられている。

香り豊かなハーブと彩り鮮やかな花びらのフローズンヨーグルト

ハーブの香りと美しい花びらが目を引くフローズンヨーグルトです。作り方は、①無糖ヨーグルト50gとマスカルポーネ40gに、フォークで潰したバナナ40g、くるみ10g、ちぎったペパーミント5～6本とローズマリー2～3本、メープルシロップ大さじ1をよく混ぜる。②バットに薄く広げて冷凍庫で2時間冷やす。器に盛りつけ、エディブルフラワーをあしらって完成。

ブレンドして相乗効果カモミールハーブティー

やさしい風味のジャーマンカモミールと好相性のハーブをブレンドしたお茶はいかがでしょう。黄色いカモミールに合わせたのは3種。右上はルイボス。ビタミン、ミネラルが豊富で抗酸化物質を多く含みます。右下は女性ホルモンを整えるレディスマントル。左上はペパーミント。消化を助ける効能面でもとても相性がよいハーブです。

＊ハーブの効用と使用上の注意はP.214～220を参照。

緑のグラデーションが新鮮 心安らぐハーブの花束

多くのハーブが旬を迎える初夏。目にやさしく、香りもすがすがしいハーブだけの花束は、この時季ならではのスペシャルブーケです。緑の花束を作るコツは、色合いや姿形が少しずつ異なるものを組み合わせること。爽やかな黄緑のゼラニウムをメインにしたら、濃緑のローズマリーは少なめに、といった具合に。シルバーがかったマットなユーカリは、実つきを選ぶと全体に空気感がプラスされます。

肌も心も落ち着かせる マリンブルーのジェル

ぷるぷるした触感が気持ちいいジェル。海のような青さのこのジェルは、海藻からできたマリナジェルにジャーマンカモミールとラベンダーの精油を配合。作り方は、①ビーカーにジェルを15mℓ入れ、2種の精油を各1滴ずつ垂らす。②全体が水色になるまでよく混ぜ、アルコール消毒をした容器に入れて完成。冷蔵庫に保管し、1週間以内に使い切りましょう。

＊濃度は0.7％弱なので顔にも使えますが、必ずパッチテストをして問題があった場合は使用を中止してください。

＊精油の効用と使用上の注意はP.214～220を参照。

暮らしの手作り

麦わら帽子に似合う ボタニカル・ハットピン

立夏《りっか》

外で過ごすのが気持ちいい初夏は、陽射しも紫外線も強くなる頃。そろそろ麦わら帽子が活躍する季節です。

シンプルな帽子のアクセントに、ドライフラワーやプリザーブドフラワーをアレンジしたハットピンはいかがでしょう。直接刺すことのできるピンタイプの金具を使えば、コサージュにもなります。

プリザーブドフラワーは、生花から水分と色を抜き、保存液に浸けて染色したもので、ドライよりも長期保存が可能。使用後は、直射日光と高温多湿を避け、箱などに入れて保管しましょう。色の濃いものは色移りする場合があります。

― 材料 ―

（長さ10cmのハットピン1個分）
＊花材は指定外各3～5cm、
[p] はプリザーブドフラワー

A ギンヨウアカシア [p]
B シダ [p]
C モリソニア [p]
D フレンチフィリカ [p]
E ユーカリエキゾチカ
F アジアンタム [p]
G カスミソウ（白）[p]
H 鳥の羽根
I カスミソウ（黄色）[p]
J カスミソウ（薄紫）[p]
K ロータスブリムストーン [p]
L ヒバ [p]
M ウォッシュラベンダー [p]
N リューカデンドロン [p]… 2個
O ティーツリー [p]
P シャーリーポピー

［用意するもの］
ハットピン用金具（長さ10cm）、厚紙（3×2.5cm）、フェルト（黒・大：4.5×3.5cm、小：2.5×2cm）、グルーガン、ハサミ、ピンセット

― 作り方 ―

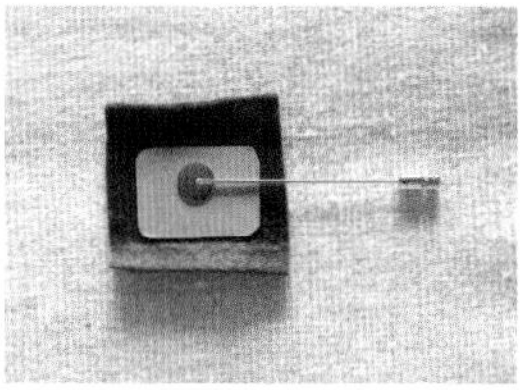

1. フェルト（大）、厚紙、金具の順に重ねる。

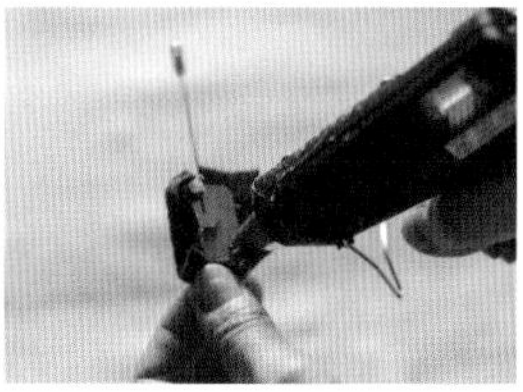

2. グルーガンで金具を厚紙に接着した後、厚紙に沿ってフェルトを内側に折り込み、接着する。

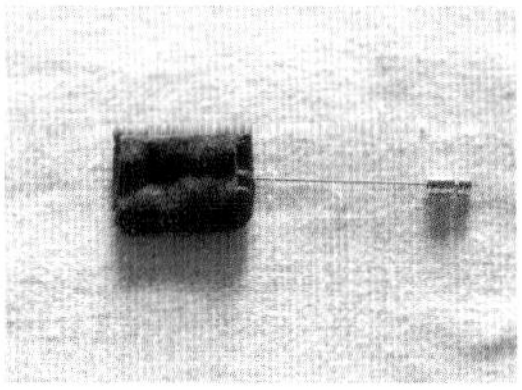

3. 金具側にフェルト（小）をかぶせ、接着する。土台ができる。

4. フェルト（小）の面にシダやギンヨウアカシアを接着する。ピンセットでつまみ、バランスを見ながら位置を決める。

5. メインになるリューカデンドロンを接着する。

6. シダ、ギンヨウアカシア、リューカデンドロンの隙間を埋めるように小花やほかの材料を接着してでき上がり。

【八】

小満《しょうまん》

五月二十一日～六月五日頃

吹き渡る風が麦の穂を揺らし
生命の強い気が天地に満ちる

江戸時代の高級化粧品
紅猪口《べにちょく》の原料となったベニバナ
鮮やかな紅色に娘たちの夢が宿る

小満とはすべてのものが成長し、天地は生き生きとした生命で満ちあふれるという意味です。穏やかで暖かく、少し汗ばむような陽気の日も出てきます。陽射しに負けない鮮やかな色合いの草花が増え、目にも楽しい時季。青い空に映える紅色のベニバナもそのうちの一つです。

ベニバナはキク科ベニバナ属、エジプト原産といわれています。紀元前二五〇〇年のミイラの衣服はすでにベニバナで染められていました。日本へは中国、朝鮮半島を経由して渡来。現在は日本全国で栽培されていますが、山形県の産地が特に有名です。

美しい紅色の花から採れるベニバナ色素は、古くから着物などの布帛《ふはく》や化粧品、食品の染料として人々の暮らしに寄り添ってきました。ベニバナの中には黄色と紅色の二色の色素が入っていますが、ほとんどが黄色で紅色はほんのわずか。紅色に染めるためにはまず黄色の色素を抜き、残った紅色の色素を採るという細かな作業をしていました。

このベニバナ色素を用いた有名なものに江戸時代の紅猪口があります。これは手のひらサイズのおちょこに、ベニバナから抽出した紅を塗ったもので、紅猪口一つ分に約千輪ものベニバナが必要なほど、大変高価なものでした。

可愛らしい姿とは裏腹にベニバナには鋭いトゲがあるため、ベニバナ摘みは早朝、朝露でトゲが少しでも柔らかいときに行われました。それでもトゲに刺され、産地の娘たちの指は血で真っ赤に染まります。過酷な作業に、ベニバナの紅色は娘たちの血の色などといわれるほど。なんとも胸が締めつけられるお話です。

小満

しょうまん

ベニバナの種子はベニバナ油（サフラワーオイル）の原料としてよく知られます。花弁を乾燥させたものは紅花《こうか》と呼ばれ、血行促進や女性特有の不調や冷え性などに有効な生薬です。高級な黄色の染料、サフランの代用品としても使われたそう。

観賞用切り花としての用途もとても多いベニバナ。切り花として出まわるときは蕾のことも多く、一見、地味に感じますが、変化の過程は可愛らしく、固い蕾が一花ひと花、ほころんでいく姿はまるで花火のよう。咲きはじめはほんのりと黄色みを帯び、頬を染めるかのように少しずつ紅色になっていくのです。

禁忌 生薬の紅花には子宮収縮の作用があります。妊娠中やキク科アレルギーの方は使用を避けてください。

この節の七十二候

初候　5月21日〜5月25日頃

蚕起食桑

（かいこおきてくわをはむ）

絹糸を作る蚕が桑を食べてどんどん成長する頃

次候　5月26日〜5月30日頃

紅花栄

（べにばなさかう）

甘い香りのベニバナが青空の下、咲きはじめる頃

末候　5月31日〜6月5日頃

麦秋至

（ばくしゅういたる）

黄金色の麦の穂が実り、収穫のため刈り取られる頃

ハーブやグリーンは普段づかいのカップがお似合いの花器

手軽に花活けを楽しむなら、マグカップやグラスがおすすめです。透明なガラスの器は、華奢なハーブの花やグリーンなど、素朴な植物と好相性。口が少しすぼまっている器だと花活け初心者でも格好よく活けられます。色つきのグラスの場合は、器の印象がやや重くなるので、長めの花材を選び、視線を上に向けるようにするとバランスがよくなります。

紅色の花弁がちらりベニバナクッキーのほのぼのおやつ時間

どこかほっこりとした雰囲気のベニバナクッキーは、口に入れるとやさしい香りが広がります。作り方は、①有塩バター50gとグラニュー糖45gを白くなるまで混ぜ、卵黄1個を加えて滑らかにする。②ふるった薄力粉120gをヘラで切り混ぜる。③ドライのベニバナ大さじ2を練り込み、冷蔵庫で1時間寝かす。④5㎜の厚さに伸ばし、抜き型で抜き、180℃のオーブンで12分焼いて完成。ベニバナの量はお好みで調整しましょう。

＊ベニバナには使用上の注意があります。詳しくはP.220を参照。

ハーブウォーターは涼やかな演出にも一役

見た目も爽やかで、香りもよいハーブウォーターは、ちょっとしたおもてなしにぴったりです。作り方は、冷水500～600mℓに、スペアミントとディル各3～4本、薄く切った柑橘2～3枚を入れ、冷蔵庫で5～6時間冷やすだけ。ハーブや果物の組み合わせはお好みで。飲みやすいハーブは、すっきりした味のレモングラスやレモンバーム。ローズマリーやセージ、タイムはえぐみが出やすいので、少量から試してみましょう。

料理の幅がグンと広がる手作りハーブソルト

肉や魚に一晩擦り込むだけで次の日においしいソテーができる。そんな魔法の調味料がハーブソルトです。作り方は簡単で、塩は粒が大きすぎないもの、ハーブはなるべく細かい粒を選び、混ぜるだけ。ハーブと塩の量は2：1を目安に。肉ならローズマリーやタイム、セージ、魚ならディルやパセリ、フェンネルなど。肉用、魚用、パスタ用と分けても便利です。

暮らしの手作り

草花の香り漂う ベニバナ入り ハーブスワッグ

ドライになってもきれいに色が残るベニバナは、リースやスワッグにおすすめです。カモミールやローズマリー、ラベンダーといったおなじみのハーブを加えれば、草花の香り漂う、この時季ならではのスワッグが作れます。

　でき上がった後も香りが楽しめるよう、風通しがよく、直射日光の当たらない場所に吊るして飾りましょう。玄関のドアの内側に飾ると、開け閉めするたびに香るので、すがすがしい気分に。全体が完全にドライフラワーになったら、テーブルに置いてディスプレイするのも素敵です。

― 作り方 ―

1． 土台になるユーカリジャイアンテウム2〜3本をワイヤーで巻く。はじまりのワイヤーは長めに残しておく。

2． 作り上げたい形にユーカリをバランスよく配置し、2〜3本おきにワイヤーで巻き、その次にアスパラを巻く。

3． ナズナ、グミ、ベニバナなど、長く見せたい花から順に、高低差をつけながら巻く。

4． 残りの花を長く見せたいものから順に巻き、根元のほうまで隙間を埋めるように巻く。

5． ナスタチュームやミントなど丈の短いものを巻いたら、グミの短い枝葉を巻き、最初のワイヤーとねじって留める。

6． 壁掛け用の麻ひもを後ろにつけたら、ワイヤーを隠すように麻ひもを巻いてでき上がり。

― 材料 ―

（約縦55×横30cmのスワッグ1束分）
＊本数は目安。花材の状態で適宜変える。

A サンショウ…2本
B グミ…1本
C ナズナ（タラスピオファリム）…2本
D ミリオンアスパラ…5本
E ユーカリジャイアンテウム…5〜6本
F ベニバナ…4本
G ラベンダー…5本
H ヤグルマソウ（紫）…2本
I ナスタチューム…3本
J ペパーミント…5本
K スペアミント…5本
L エルダーフラワーの葉…3本
M ローズマリー…5本
N アップルゼラニウム…3本
O ローズゼラニウム…5本
P ヤグルマソウ（薄ピンク）…5本
Q ヤグルマソウ（青）…5本
R ジャーマンカモミール…5本

［用意するもの］
クラフトワイヤー、麻ひも、花バサミ、ワイヤーバサミ

【九】

芒種《ぼうしゅ》

六月六日～六月二十一日頃

田植えの祭りに暦の入梅
紫陽花に柔らかな雨が降る

心も体も落ち着かせる薬用植物のラベンダーは古代ローマから愛用された

芒種の「芒」という字は「のぎ」と読み、稲や麦などイネ科の植物のトゲのような細い毛の部分を指します。日本においてこの時季は、芒がある植物と関係の深い季節。麦は収穫の時季を迎え、稲は種を蒔きました。現在は稲の品種改良も進み、田植えはもっと早いですが、昔は梅雨入り前に行われていたそうです。

爽やかな初夏の陽気はだんだんと影を潜め、湿り気のある空気を含んだ蒸し暑い日が増えてくる頃。そんなじめじめとした空気を吹き飛ばしてくれる植物といえばラベンダーです。湿度も気温も高い日本の気候ではなかなか育てるのが難しかったのですが、現在はその気候にも耐えうる強い品種も生まれ、全国各地で栽培されるようになりました。

ラベンダーはシソ科ラヴァンドラ属、地中海沿岸原産。アロマセラピーやハーブの代名詞といっていいほど有名な薬用植物です。すぐれた鎮静、鎮痙作用に加え、抗菌作用も持ち合わせています。古代ローマでは、傷の手当てなどにラベンダーの花を浮かせて沐浴《もくよく》していたとか。なんと贅沢《ぜいたく》なことでしょう。

ラベンダーは品種が多いことでも有名で、香りも品種によってかなり異なるため、使用目的に応じて精油を選ぶ必要があります。もっとも代表的な品種はラベンダーアングスティフォリア（別名は真正ラベンダー）。細い華奢な茎の先に美しい青紫の小さな花穂が密集してつきます。この品種は鎮静作用にすぐれており、深く穏やかなリラックス状態に導いてくれる精油。その中でも、高地で育てられたものはとても香りがよく、それを用いた精油は品質もよいといわれています。

芒種《ぼうしゅ》

主にスペインやポルトガルで栽培されている品種のラベンダースピカ（別名はスパイクラベンダー）は、頭がすっとするような清涼感のある香りが特徴。ラベンダー特有の抗菌作用に加え、体に活力を与える成分を含み、瘢痕《はんこん》形成作用もあります。そのためリラックスというよりはリフレッシュさせてくれる精油です。

そのほかにもラベンダーの精油はありますが、それぞれの品種に特徴があり、それによって効能も変わってくる、ということを知っておくと役に立ちます。

すばらしい薬効があるラベンダー。旅行に一つ精油を持っていくとしたらラベンダーです。旅先の宿で夜寝る前、熱湯をカップに注ぎ、ラベンダーを数滴垂らせば部屋中に香りが充満します。ハンカチに一、二滴垂らしてバッグに忍ばせておけば、乗り物などのにおいが気になるときに役立ちます。植物の力で、楽しい旅がさらに快適で思い出深いものになるでしょう。

禁忌　ラベンダースピカは刺激が強いので、精油の濃度に注意してください。

この節の七十二候

初候　6月6日〜6月10日頃

螳螂生
（かまきりしょうず）

梅雨入り前にカマキリが次々と生まれ出る頃

次候　6月11日〜6月15日頃

腐草為螢
（ふそうほたるとなる）

腐った草の下から蛍があかりをともし、飛びはじめる頃

末候　6月16日〜6月21日頃

梅子黄
（うめのみきばむ）

しとしとと降る雨のなか梅の実が黄色く熟しはじめる頃

洗顔後のリニメント剤は蒸留水×オイルで浸透力アップ

リニメント剤とは、皮膚に直接擦り込んで使う、液体または泥状の外用剤。人の肌は水分と油分が適度にあるので、水溶性の蒸留水と脂溶性のオイルを混ぜることにより、浸透力が高まります。作り方は、①ラベンダーの芳香蒸留水15〜18mℓにドライチョウマメ※1を１つ入れ、５分浸し、好みの青さになったら取り除き、消毒済みの容器(20mℓ)に入れる。②カレンデュラオイル※2 １〜２mℓをスポイトで垂らして完成。使用時はよく振って混ぜます。冷蔵庫で保管し、１週間以内に使い切って。

※１ マメ科のハーブ。バタフライピーとも。青い色素が抽出できます。※２ P.19参照。
＊ハーブの効用と使用上の注意はP.214〜220を参照。

梅雨シーズンの拭き掃除にはペパーミント精油がお役立ち

じめじめとした梅雨時期はペパーミント精油を使った拭き掃除がおすすめです。桶やバケツに水を張ったら２〜３滴ペパーミント精油を垂らすだけ。その水に浸した雑巾で拭き掃除をすれば、床を清潔に保つだけでなく、カビも防ぎ、さらには爽やかな香りも。ただし、精油と水は混ざらないので、雑巾は入れるたびによくゆすぐこと。精油が肌に触れないよう必ずゴム手袋を。

＊精油の効用と使用上の注意はP.214〜220を参照。

【九】

芒種《ぼうしゅ》

シュッとひと吹きで気分も晴れやかになるアロマスプレー

手軽な癒しアイテムのアロマスプレー。ルームスプレーとしても、肌に直接吹きかけても大丈夫。その効果は精油の種類によって変わります。ラベンダーやネロリならリラックス、ローズマリーやレモンはリフレッシュ、ティーツリーやユーカリラディアータなら抗菌など。作り方は、煮沸消毒した遮光瓶に無水エタノール５mℓを入れ、好みの精油を10滴垂らし、精製水45mℓを加えるだけ。直射日光、高温多湿を避け、冷暗所で保管し、２～３週間で使い切りましょう。

＊精油の効用と使用上の注意はP.214～220を参照。

鎮静作用で穏やかなリラックス状態に誘うラベンダーサシェ

天然のラベンダーの香りをめいっぱい楽しめるサシェ。リネンの端切れで作った巾着袋などにドライのラベンダーの花穂を詰めるだけ。車の中やクローゼットに吊るしたり、引き出しに入れたり。柔らかめの生地で作ればアイマスクにも。ただし、自然のままの植物なので、湿った場所に置きっぱなしにすると虫がわく場合もあるため、注意が必要です。

暮らしの手作り

二色のハーブで作る
梅酒ゼリー

芒種《ぼうしゅ》

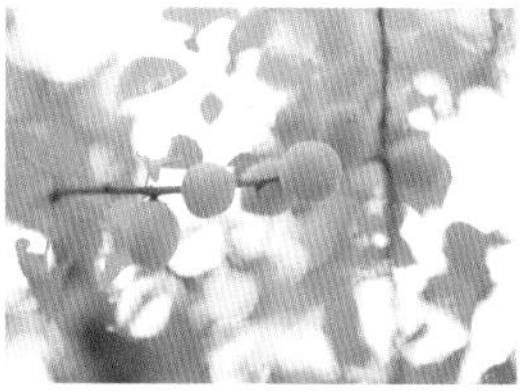

ハイビスカスの酸味と赤い色、エルダーフラワーのふんわりとした甘みと黄金色。二色で二つの味が楽しめる梅酒ゼリーは、市販の梅酒や甘露梅を使って手軽に作れます。

梅酒に混ぜるものは、ドライハーブ以外にオレンジやアセロラジュースなどでも。シンプルに梅酒味だけを味わいたいときは、ハーブティーを使わずに水で割るほか、ソーダで割ってシュワッと炭酸ゼリーにしても爽やかです。

梅酒を何で割ったらおいしいか。見た目の色は何色がいいか。そんな視点で混ぜるものを考えてみると、お好みのゼリーができ上がります。

― 材料 ―

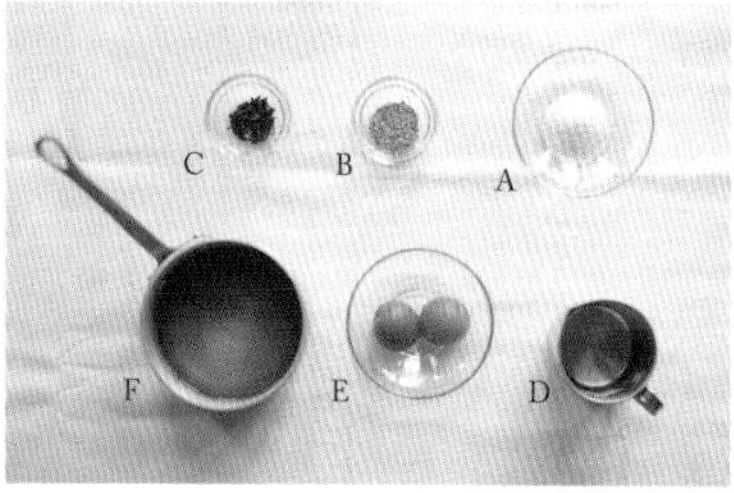

（2個分）

A 粉ゼラチン…5g
B エルダーフラワー（ドライ）…小さじ1
C ハイビスカス（ドライ）…小さじ½
D 熱湯…140mℓ
E 甘露梅…2個
F 梅酒…120mℓ

［下準備］
粉ゼラチンを2.5gずつ分け、それぞれ粉が浸るほどの水（各大さじ2程度、分量外）でふやかし、湯煎にかけて溶かしておく。

― 作り方 ―

1. 耐熱容器にハイビスカスとエルダーフラワーを別々に入れ、熱湯を半量（各70mℓ）ずつ注ぎ、ハーブティーを作る。

2. 鍋に梅酒を入れ、中火にかけ、沸騰したら火を止める。アルコールを飛ばす場合は、沸騰後、30秒〜1分煮詰める。

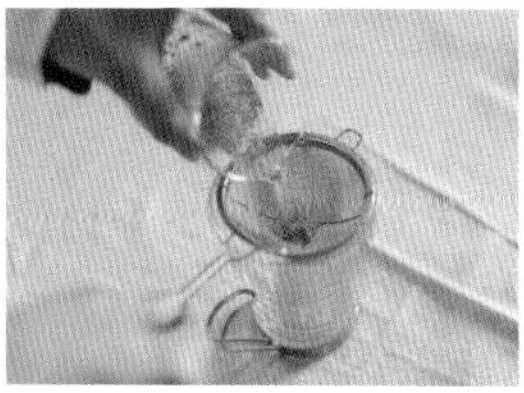

3. **1**のハーブティーをそれぞれ茶こしで濾す。

4. **3**のハーブティー2種類に、**2**の梅酒と湯煎にかけて溶かしたゼラチンをそれぞれ半量ずつ入れ、よく混ぜる。

5. **4**を冷蔵庫で2時間冷やす。ゼリーが固まったら、小さめのスプーンでゼリーをざっくりとくずす。

6. ゼリーを盛る器に甘露梅を1個ずつ入れ、**5**のゼリーをエルダーフラワー、ハイビスカスの順で重ねてでき上がり。

【十】

夏至《げし》

六月二十二日〜七月六日頃

もっとも昼間の時間の長い日

梅雨の盛りで長雨が続く

夏至になったその日は、一年の中で昼の時間がもっとも長い一日です。ちょうど梅雨時で、日の長さの変化を実感しにくい時季でもありますが、夏至になった日を境に一日の昼の時間は短くなってきます。ただし、日の出が一番早く、日の入りが一番遅いわけではありません。一年の中で日の出が一番早いのは夏至の一週間ほど前、日の入りが一番遅いのは一週間ほど後。トータルすると夏至の初日の昼の時間が一番長いというわけなのです。

少し汗ばむようなこの時季、道を歩いているとどこからともなくふんわりと芳しい香りが漂ってくることがあります。真っ白い花をたわわに咲かせ、その香りで季節を告げるクチナシです。

クチナシはアカネ科クチナシ属で、日本や中国、台湾などアジアに分布している植物。ジンチョウゲやキンモクセイと並んで三大香木といわれるほど芳香の強い花として有名です。

子どもの頃からクチナシの香りが大好きで、街路樹で咲きはじめたクチナシを見つけては鼻をうずめていました。はじめて鉢植えの花がほしいとリクエストをしたのもクチナシです。一重も八重も育てましたが、クチナシが好きだったのは人間だけではありませんでした。白い花には、小さな黒い粒々のような虫、アザミウマがたかり、葉っぱは、オオスカシバの幼虫により丸裸に。無農薬で美しく育てるのは大変だと思い知らされました。

少し早咲きの一重のクチナシは、十月から十一月頃に赤みの強い橙色の実をつけます。この果実は山梔子《さんしし》と呼ばれる生薬で、消炎、解熱などの効果が期待され、打ち身などの患部の熱を吸収し、症状を和らげる塗り薬に。ちなみに八重のクチナシは華やかで庭

【十】

夏至《げし》

三大香木のクチナシの花
独特の芳香で夏の到来を告げる

木では好まれますが、実がならないため薬用ではありません。

この山梔子は飛鳥時代から布地を黄色に染める染料としても用いられてきました。栗きんとんやたくあんのきれいな黄色も、このクチナシ色素の色です。

クチナシの花はエディブルフラワーでもあり、お茶の香りづけなどにも利用されています。日本においても花を食べる歴史は古くからありますが、十八世紀頃の料理本にはミカンやスミレ、ボタンの花などと並び、クチナシも干してから和え物にしていたという記述がありました。

梅雨の時季、雨が続くと気分が落ち込みがちですが、そんなとき、私は香りをたよりにクチナシの咲いている場所を探しに歩きます。ベルベットのように滑らかな花弁に雨粒がぷっくりと光り輝く姿は、眺めているだけで心が洗われるのです。

この節の七十二候

初候　6月22日～6月26日頃

乃東枯
(なつかれくさかるる)

夏枯草《かごそう》と呼ばれるウツボグサの花が枯れたように見える頃

次候　6月27日～7月1日頃

菖蒲華
(あやめはなさく)

立ち姿の美しい紫のアヤメの花が咲きはじめる頃

末候　7月2日～7月6日頃

半夏生
(はんげしょうず)

カラスビシャク(半夏)という薬草が生えはじめる頃

蒸し暑い夏にアロマボディパウダーでさらさら肌をキープ

汗やにおいが気になる季節は、べたつきを抑えるボディパウダーが大活躍。トウモロコシのでんぷんから作られるコーンスターチは、余分な汗や水分を吸着します。ホワイトクレイは、皮脂を吸着し、においを防ぐミネラルなどを含んだ粘土。作り方は、コーンスターチ大さじ3、ホワイトクレイ大1をよく混ぜ、好みの精油6滴を一カ所に固まらないように垂らして混ぜ合わせます。保存容器に入れて2週間以内に使い切りましょう。

＊お肌に合わない場合は、すぐに使用を中止してください。

芳しいジャスミンはピンクの蕾と白い花のコントラストも美しい

甘い香りで有名なジャスミン。この時季、鉢植えとして多く出まわる羽衣ジャスミンはとても丈夫で、初心者でも育てやすい植物。つるが伸びてきたら切り花にして室内へ。小さな器に2～3つる投げ入れるだけで部屋中に香りが充満します。ジャスミンの花色は、蕾のときはピンクで、咲くと白に。そのコントラストの美しさも見ものです。花がらはすぐに茶色くなるので毎日摘みましょう。

フレッシュな風味が魅力 生ハーブのミントティー

すがすがしい香りと色をそのまま楽しみたいときは、生のハーブでお茶を淹れてみましょう。生とドライのもっとも大きな違いは水分量。生は８割以上が水分なので、お茶にするときはドライの３～４倍多めに入れて。味が凝縮されたドライに比べ、生は香りのみずみずしさが特徴。ドライになる過程で失われる成分も入っているので、違った風味が味わえます。

ミント×サイダーの シュワシュワゼリー

気持ちまで爽やかになりそうな涼やかなブルーのゼリー。作り方は、①グレープフルーツ５～６房の薄皮をむき、冷蔵庫で冷やす。②ペパーミントのドライハーブ大さじ1、チョウマメ２～３個に熱湯60mℓを注ぎ、５分置いたら茶こしで漉《こ》す。③大きめの容器に❷を入れ、ふやかしたゼラチン５g、砂糖大さじ1強を加え、よく混ぜる。④サイダー200mℓをそっと注ぎ、冷蔵庫で２時間冷やす。ゼリーの上にグレープフルーツを盛って完成。飾りにミントの生の葉を。

暮らしの手作り

半夏生の籠活け

夏至《げし》

夏至の頃に旬を迎える半夏《はんげ》生《しょう》の花。とても小さなその花は、受粉を助ける虫に気づいてもらおうと、花に一番近い葉の色を白く変化させます。

半夏生は葉が白くなった時季だけ、花材として市場にも出まわります。涼しげな半夏生は籠にシンプルに活けるのも粋なものです。

籠に活けるときのコツは落としと花留め。落としとは、直接水を注げない花器の内側に入れる容器のこと。花留めは、活けたときに植物を固定する支えです。身近にあるペットボトルを落としに用い、ワイヤーで花留めを作れば、手軽に籠活けが楽しめます。

― 材料 ―

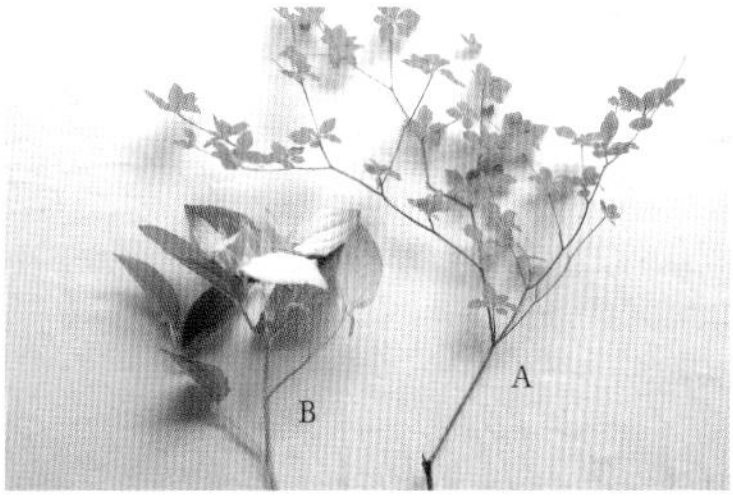

（直径10×高さ14cmの籠）

*本数は目安。花材の状態で適宜変える。

A　ドウダンツツジ…１本

B　半夏生…２本

［用意するもの］

花を活ける籠（直径10cm、高さ14cm）、ペットボトル（底の平らなもの）、厚紙（黒）、ワイヤー（18〜20号）２本、キリ、ハサミ、セロハンテープ

［下準備］

ペットボトルは籠の高さよりも３〜４cm低めに、厚紙はペットボトルの高さより２cm高く切る。

ワイヤー２本はそれぞれ３分割に切り、合計６本作る。

― 作り方 ―

1. ペットボトルにキリで穴をあける。１つめと２つめの穴は１cm間隔、その真向かいに同様に２つ穴をあける。

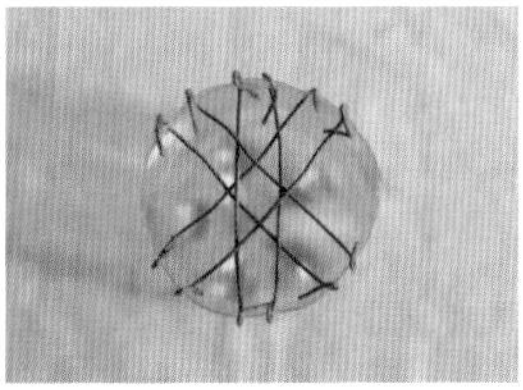

2. **1**を３カ所で行い、写真のように12カ所、穴をあける。向かい合う穴にワイヤーを通し、その端を器の内側に折り込む。

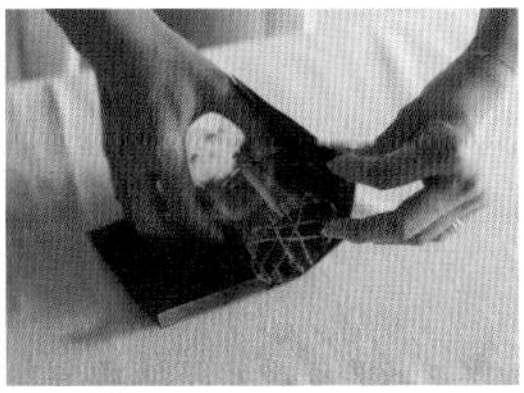

3. 厚紙の上側を１cm折り、ペットボトルに巻きつける。両端はセロハンテープで固定する。

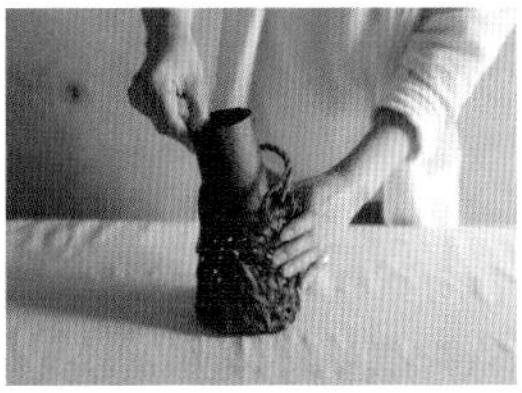

4. ペットボトルに水を入れ、籠の中に入れる。水の量は背の高い枝ものを入れる場合は、器の半量程度入れる。

5. ワイヤーの中央にドウダンツツジを活ける。

6. 同じ場所に半夏生も活ける。バランスを見ながら枝の向きなどを整えてでき上がり。

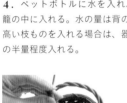

【十一】

小暑《しょうしょ》

七月七日～七月二十二日頃

梅雨明けの風は熱気を帯びて
夏の大三角が天の川にかかる

梅雨明けも近くなり、晴れた日に照りつける陽射しは肌をじりじりと焦がすよう。いよいよ本格的な暑さがやってきます。そんな夏空の下、ひときわ目を引く鮮やかな花を咲かせるのは、南国の代表というイメージのハイビスカスです。

ハイビスカスはアオイ科フヨウ属。ハイビスカスという名はフヨウ属の花の総称を示す場合もあります。ハイビスカスをはじめ、アサガオやフヨウなどのアオイ科の花は、開花してだいたい一日で終わってしまうため、切り花ではほとんど出まわりません。そのため、日本では主に鉢植えが中心です。

ハイビスカスといえば、ルビーのように真っ赤な色をしたハイビスカスティーがありますが、こちらは夏に花が咲く園芸種とは別物。お茶として流通しているのは、同じアオイ科でもアフリカ原産の通称ローゼルと呼ばれる植物です。花期も園芸種のハイビスカスと異なり、九月から十一月にクリーム色や少し赤みがかった花を咲かせます。花の後にできる赤紫に肥大した果実（萼《がく》と苞《ほう》）を乾燥させたものがハイビスカスティーです。

目にも美しいこのお茶は、クエン酸、ハイビスカス酸、リンゴ酸といった酸やミネラルを多く含み、酸味の強さが特徴。私もはじめてハイビスカスティーを飲んだとき、その酸っぱさにびっくりしました。でもその酸味こそが、私たちの体の代謝を促してくれる成分。代謝をよくするということは疲労回復を助け、さらに美容にもよいということです。

今までにデザートに取り入れたハーブの中でも、ハイビスカスの色はデザートを七変化させてくれるので、重宝しているハーブの一つ。赤い色素は水で容易に抽出できるため、その色をどの程度出したいか、酸味をどれほど際立たせたいかでレシピにバリエーションが生まれるのです。赤さも酸味も控えたい場合は、ハイビスカスの量を少なくするか、水出しに。酸味を調整するとほかの果物とも合わせやすくなります。薄赤い色合いは、ゼリーや水菓子などにするときらめいて、そのたおやかな輝きは格別です。

小暑の時季、梅雨が明けてから立秋の前日までの間に出すのが暑中見舞いですが、それはこれからやってくる本格的な暑さに相手の健康を願うもの。大切な家族や友達と過ごす心地よい時間のお供に、体の代謝を整えてくれるハイビスカスのお茶やお菓子を取り入れてみてはいかがですか。

この節の七十二候

初候　7月7日〜7月11日頃

温風至
（あつかぜいたる）

梅雨明けにむわっとした熱気のある夏の風が吹く頃

次候　7月12日〜7月16日頃

蓮始開
（はすはじめてひらく）

清らかな蓮の花が夜明けとともに静かに咲きはじめる頃

末候　7月17日〜7月22日頃

鷹乃学習
（たかすなわちわざをならう）

鷹の雛が飛び方を覚えて巣立ち、一人前になっていく頃

【十二】

小暑《しょうしょ》

南国の象徴のようなハイビスカス
真っ赤な花が太陽と会話する

ひんやりデザートに添えたい 真っ赤なハイビスカスシロップ

暑くなるとつい食べたくなってしまうのが冷たいスイーツ。ハイビスカスティーで作る真っ赤なシロップはそんな真夏のお役立ちソースです。作り方は、水100mℓに小さじ２の茶葉を加えて沸騰させ、砂糖大さじ２を加えて煮詰めて完成。白玉アイスにたっぷり注げば、赤と白のコントラストがなんとまあ、きれいなこと。目にも鮮やかな絶品スイーツに舌鼓。ハイビスカスシロップはかき氷にもおすすめです。

重曹と精油でできる 香り豊かなアロマ消臭剤

お掃除やお菓子のふくらし粉などに使われる重曹は、炭酸水素ナトリウムの白い粉末。弱アルカリ性なので、酸性のにおいを中和し、消臭する働きがあります。重曹にティーツリーやレモン、ラベンダー、ペパーミント、サイプレスなど、菌の繁殖を抑える精油を加えれば、香りもよい消臭剤に早変わり。精油は重曹100gに対し、10～15滴が目安です。玄関に置いてもよし、巾着袋に入れて靴の消臭剤としても重宝します。

【十二】

小暑《しょうしょ》

おもてなしにぴったり
溶けていく様も愛でたい
エディブルフラワー花氷

サマーパーティーの主役の座を奪われそうなほど麗しい姫君は、エディブルフラワーの花氷。製氷器にハーブとエディブルフラワーを入れて、水を⅓注いだら冷凍庫へ。凍ったら水と植物を足す、を３回繰り返すと、氷の中にきれいに植物が閉じ込められます。お好みのドリンクに入れると、氷が溶け出して中から花がふわり。ゆっくりと開く花びらに歓声が上がります。

食卓に常備したい
酢＋ハーブは
健康維持の最強コンビ

お好みの酢にハーブを漬けるだけのお手軽なハーブビネガーです。ハーブは、ローズマリーやタイムなど、好みのもので大丈夫。ドライハーブなら酢の量の５％程度、フレッシュなら15％程度を入れます。２週間ハーブを浸し、取り出したら完成。薄めてドリンクにしても、ドレッシングやマリネに使っても。残った酢は水垢などの掃除にも利用できます。

暮らしの手作り

夏の体をいたわる
アロマバスソルト

小暑

しょうしょ

ミネラルが豊富で、発汗作用もある塩に精油とドライハーブを混ぜたバスソルト。

精油は水に溶けませんが、塩に混ぜると精油成分が塩の表面に分散し、粒が小さくなります。そのため、直接水に滴下するよりも、精油が肌に触れる面積が小さくなるので、刺激が少なくなります。

精油の配合はお好みでかまいませんが、清涼感のあるペパーミントは刺激が強いため、全体の二割以下にします。

使用時は排水溝ネットなどに入れてから浴槽に入れると掃除もしやすく便利です。直射日光、高温多湿を避けて二週間で使い切りましょう。

― 材料 ―

（1回分30g強　8回分）

A 精油4種類
（ペパーミント、フランキンセンス、ラベンダー、ゼラニウムなど）
B 海塩もしくは岩塩（粗めのもの）…250g
C コーンフラワー（ドライハーブ）
D カレンデュラ（ドライハーブ）
E ローズ（ドライハーブ）
F ペパーミント（ドライハーブ）

［用意するもの］
ボウル、スプーン、ガラス保存瓶

配合例：ペパーミント3滴、フランキンセンス5滴、ラベンダー6滴、ゼラニウム6滴

＊精油を希釈《きしゃく》（水で薄める）するときは、全体の1％濃度が基本ですが、入浴に使う場合、狭い密室で蒸気と共に精油成分が立ち上るので濃度は薄めがおすすめです。
＊体が小さい子どもの場合は、大人と同じ濃度だと濃すぎてしまうため、精油の濃度を薄めにします。3歳以下の幼児の場合は、刺激が強すぎるので精油の使用は避けましょう。
＊精油の効用と使用上の注意はP.214～220を参照。

― 作り方 ―

1. 精油を合計で20滴、塩に入れる。一カ所に固めず、まんべんなく入れ、1種類入れるごとにスプーンでかき混ぜる。

2. すべての精油を入れたら、全体に精油が行き渡るようさらによくかき混ぜる。

3. **2**にすべてのドライハーブを入れる。

4. よくかき混ぜる。

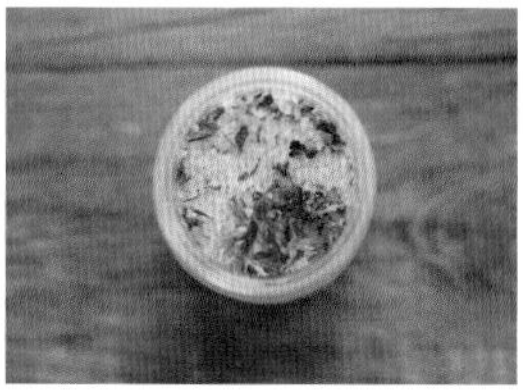

5. きちんと密封できるガラス保存瓶に入れて保存する。

1回の入浴に使用する量は大さじ2くらいを目安に。直射日光、高温多湿を避けて保存し、2週間ほどで使い切るようにする。

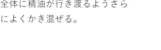

【十二】

大暑《たいしょ》

七月二十三日～八月七日頃

湿度も高くのぼせる炎天下
夏野菜がみずみずしく実る

夏の風物詩、ヒマワリ
情熱的に咲く姿は
見る人に元気を与えてくれる

夏の最後の節、大暑は、一年の中でもっとも暑くなる時季。急な大雨が降ることも多く、水気を含む空気が肌にまとわりつき、少しでも快適な場所がないものかと探してしまうほどです。

誰もがご存じの夏の風物詩、ヒマワリはこの季節に咲く花。暑苦しい空気をものともせず、太陽に向かってさんさんと咲き誇る姿は見る人に元気を与えてくれます。

ヒマワリは北米原産、キク科ヒマワリ属の一年草。英名はサンフラワー、中国名は向日葵《シャンリークイ》、和名でも日輪草《にちりんそう》などといわれ、いずれも太陽を象徴する名です。成長期の若い茎は太陽の方向を追って動きますが、完全に開花するとすべて東側を向いて咲きます。

ヒマワリには観賞用と油糧用がありますが、油を採るための栽培種は、花の大きさが二十〜三十センチのものが多いよう。現在の改良種では、種子をなるべく大きくするため、四十〜五十センチとさらに大きいものも存在します。

油の採れる種子は、抗酸化作用が強いビタミンEをはじめ、オレイン酸、リノール酸など栄養価が豊富です。油として加工しなくても、炒ったものをそのまま食べることも可能。ご自宅で炒る場合はいったん干して水分を抜いてから。カロリーはほかのナッツに比べて高めなので、摂りすぎには注意しましょう。

観賞用として切り花で出まわっている品種は、花の大きさはだいたい十センチ前後。花の中心部は黒や黄色、花弁の色は、こっくりとした山吹色、爽やかなレモンイエロー、シックな赤茶など色彩豊かです。華やかな八重咲きタイプなどもあり、品種によっては一見ヒマワリとわからないようなものまであります。

【十二】

大暑《たいしょ》

かの有名な画家、フィンセント・ファン・ゴッホはヒマワリを好み、何枚も描きました。その代表作に描かれているヒマワリを再現した「ゴッホのひまわり」という品種もあります。その花は本当にゴッホの描いたヒマワリのようで、じつに芸術的です。

太陽のように明るいヒマワリの姿は、一輪でも様になります。長持ちさせるポイントは二つ。花に近い部分の葉を三、四枚残して、残りは取り除いてしまうこと。葉が多すぎるとそこから水分が蒸散し、水下がりの原因になります。もう一つは花器の水を少なめにすることです。水が多すぎると茎が腐りやすく、特に暑い時期は一気に傷みがちです。日なたを避けてこまめに水を替え、切り戻し、最後はかなり短めに茎を切ってマグカップなどに活ければ長く楽しむことができます。

この節の七十二候

初候　7月23日～7月27日頃

桐始結花

（きりはじめてはなをむすぶ）

紋章にもされる桐の花が固い実を結びはじめる頃

次候　7月28日～8月1日頃

土潤溽暑

（つちうるおうてむしあつし）

むわっとした湿気が多くまとわりつくような熱気が暑い頃

末候　8月2日～8月7日頃

大雨時行

（たいうときどきふる）

突然の雷鳴とともに夏の雨が激しく降って土を潤す頃

花持ちしにくい真夏は ランの花がおすすめ ガラスの器で涼やかに

切り花が傷みやすい夏場の暑い時期は、生花を活けるのも敬遠しがち。そんな季節でも元気よく咲いてくれるのがランです。涼やかに飾るおすすめの活け方は、透明感のあるガラスの器に花首だけを浮かす方法。ダイニングテーブルに飾ると一気に華やぎます。水の量は花首の切り口が浸かる程度に。多すぎると花全体が浸かり、傷んでしまうので注意して。

ヨーロッパの伝統菓子 エディブルフラワーの 砂糖漬けを召し上がれ

スミレの花の砂糖漬けは、ヨーロッパで長く親しまれているお菓子。ガラス細工のようにきらきらと輝く姿にうっとりします。作り方は、①卵白１個を切るように混ぜる。②エディブルフラワーの花びらの裏表に、卵白を筆で薄く塗る。③グラニュー糖を振りかけ、そのまま乾かしたら完成。グラニュー糖は細かいほうが美しいので、すりこぎなどでするとよりきれいに仕上がります。焼き菓子に添えたり、紅茶やワインにもぴったりです。

【十二】

大暑《たいしょ》

トーストにも料理にも ハーブ入りバターで コクと風味をプラス

パンに塗ったり、肉や魚のソテーに使ったり、これ一つで味が決まるハーブバター。作り方はシンプルで、バターの１～２割の生のハーブをみじん切りにして常温のバターに混ぜるだけ。ニンニクのすりおろしを混ぜれば、ガーリックトーストにも。ハーブは、タイム、パセリ、ローズマリー、ディル、バジル、フェンネル、チャイブなど。レモングラスのような固いものは不向きです。保存は冷蔵で１週間、冷凍で１か月を目安に。

夏の外出に欠かせない 虫除けスプレー

アウトドアの季節は虫除けスプレーが必需品。忌避《きひ》作用のある精油を使えば、簡単に手作りできます。特に、蚊への忌避効果が高い精油は、シトロネラとユーカリシトリオドラ（レモンユーカリ）、ゼラニウム、レモングラス、ペパーミント、ハッカなど。肌につけるスプレーを作るときの濃度は１％に、網戸などに吹きかける場合は３～５％の濃度で作るとよいでしょう。

＊虫除けスプレーの作り方は、芒種のアロマスプレー（P.83）と同じです。
＊精油の効用と使用上の注意はP.214 ～ 220を参照。

暮らしの手作り

ハーブとトマトで
さっぱり風味のうなぎパスタ

大暑《たいしょ》

「土用《どよう》の丑《うし》の日」にうなぎを食べるという習わしは江戸時代にできました。土用というのは、四立《しりゅう》(立春、立夏、立秋、立冬)の前の十八日間のこと。本来、それぞれの季節の前、年に四回ずつ土用も節分もあるのですが、現在は節分といえば立春の前日、土用といえば夏の土用をよく耳にするのではないでしょうか。

うなぎはビタミン豊富で滋養にもよく、体力が落ちがちな夏にぴったり。とはいえ、暑い最中のうなぎは油っぽさが気になります。そんなときはうなぎの脂をさっぱりさせ、消化も助けるハーブとの組み合わせがおすすめ。魚と相性の良いセリ科のディルやチャービル、日本のハーブのシソなどがよく合います。

ハーブ入りパスタのソースに使うのは、うなぎのたれ。パスタのほか、焼きうどんやパンに挟んでサンドイッチにしてもおいしいです。

— 材料 —

(1人分)

A ミニトマト…7〜8個
B パスタ…50g
C うなぎ…80g(半身)
D ニンニク…½片
E ディル…適量
F チャービル…適量
G 食用小菊…2個
H 白ワイン…大さじ½
I うなぎのたれ…小さじ1
J 塩…小さじ2(パスタをゆでる用)
K オリーブオイル…大さじ1
L こしょう…適量
M 山椒…適量

*ディルとチャービルは好みの量でよいが、各5本以上はあるとおいしい。

[下準備]

ミニトマトは¼のくし形に、にんにくはみじん切りにする。

チャービルとディルはかたい茎を切り落とす。

鍋にパスタをゆでるための湯を沸かしておく。

— 作り方 —

1. うなぎは縦半分に切ってから1cm幅に切る。

2. フライパンにオリーブオイルを熱し、ニンニクを入れて香りが出るまで炒める。

3. **2**にうなぎを入れ弱めの中火で炒める。鍋に湯を沸かし塩を入れ、パスタをゆではじめる。

4. **3**にミニトマトと白ワインを入れ、ミニトマトが煮くずれるまで炒め煮にする。

5. ゆで上がったパスタを**4**に入れ、うなぎのたれを加えてよく和える。

6. パスタを器に盛り、ハーブを手でちぎってのせる。小菊の花びらを散らし、こしょうと山椒をふる。

稲は波打つ
窓を開け放った
枯葉が舞い込む
パラパラと降る雨粒
雲は光る
すっかり草木は褪せた

金木犀の香りに誘われて
戸惑う綿毛は宙へ飛び出す
湿気た荒地を漂って
望む場所まで届くだろうか

秋

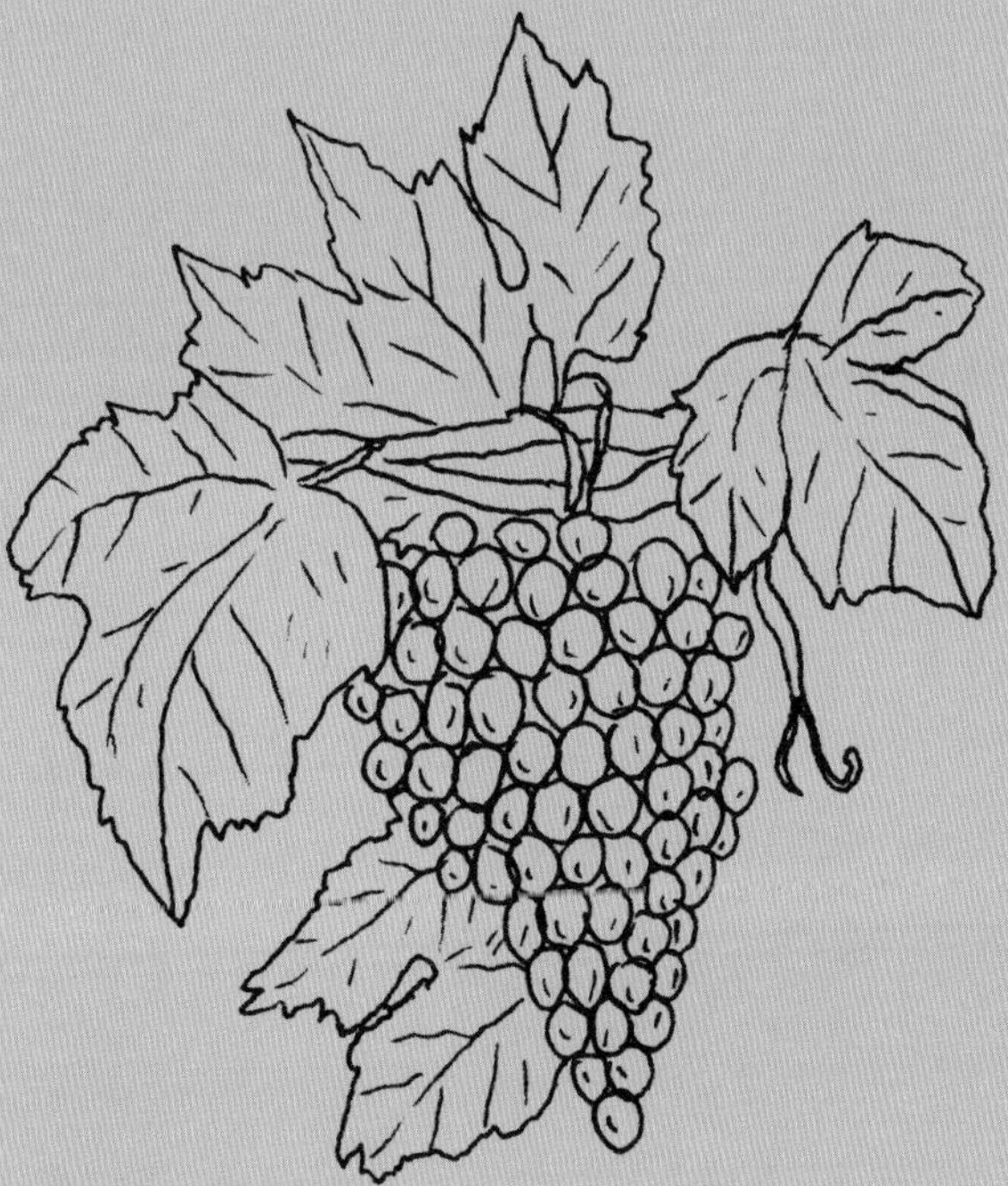

【十三】

立秋《りっしゅう》

八月八日～八月二十二日頃

肌を焦がすような灼熱の中に
時折感じるひとすじの涼風

太陽の光が照りつける昼間はうだるほどに暑く、夜になっても気温が下がらないこの時季、初秋とはなかなか思いがたいですが、暦の上では秋へと変わります。

古くから人々は身近な植物を暮らしに取り入れ、季節の変わり目の体の不調をいたわってきました。園芸だけでなく、薬用や食用、建築や工芸などにおいて役立つ植物を有用《ゆうよう》植物といいますが、秋の七草もその一つです。

秋の野に咲きたる花を指折《およびお》りかき数《かぞ》ふれば七種《ななくさ》の花

芽《はぎ》の花乎花《おばな》葛花《くずばな》瞿麦《なでしこ》が花姫部志《おみなえし》また藤袴《ふじばかま》朝貌《あさがほ》が花

遣唐使に随行した山上憶良《やまのうえのおくら》が詠み、「万葉集」に収められたこの二首が秋の七草の起こりといわれています。

芽の花は赤や白の蝶のような可憐な花を咲かせるハギ（萩）。乎花はススキ（芒、薄）、葛花は根が葛粉として薬用、食用にされるクズ。瞿麦はナデシコ（撫子）、姫部志はオミナエシ（女郎花）、藤袴はフジバカマです。朝貌については諸説ありますが、現在はキキョウ（桔梗）の説が有力です。ひっそりと野に咲く姿は控えめですが、どの花も優秀な有用植物です。

「万葉集」では秋の七草以外にも数多くの植物が登場します。そのほとんどが有用植物。当時は見た目の美しさというよりも、いかに暮らしに役立つかという視点が重要であったことがうかがえます。そのつつましい姿からは容易に想像できない力を持ち合わせている秋の七草は、解毒や胃腸薬、染め物や茅葺《かやぶ》き屋根の材料などに用いられ、人々の暮らしに寄り添ってきました。

花屋敷として江戸時代に造られた東京都墨田区の向島百花園をご存じでしょうか。創始者の佐原鞠塢《さはらきくう》は「群芳暦《ぐんぽうれき》」という四季の植物目録を編集しました。これは六千種もの植物を二十四節気ごとに分類した花暦。百花園の植物はこの書を元にして植栽されたといわれています。特に秋の七草を好んだ鞠塢。百花園の名となる前は秋芳園と呼んでいたほどで、江戸時代の開園当初、名物は秋の七草と梅樹だったそう。今も名物となっている全長三十メートルもあるハギのトンネルは、この時季になると多くの人で賑わいます。

江戸は園芸文化が大きく花開いた時代。この園にはありのままの当時の風情が再現されており、歴史や文化を感じながら植物と触れ合う楽しさがあります。

この節の七十二候

初候　8月8日～8月12日頃

涼風至

（すずかぜいたる）

まだまだ厳しい暑さの中にもそっと秋風が吹きはじめる頃

次候　8月13日～8月17日頃

寒蟬鳴

（ひぐらしなく）

夕暮れ時にカナカナカナとひぐらしが鳴きはじめる頃

末候　8月18日～8月22日頃

蒙霧升降

（ふかききりまとう）

山里や水辺などでは白く深い霧が立ち込めはじめる頃

【十三】

立秋《りっしゅう》

薬用から建築まで
古代から人々の暮らしに
役立ってきた秋の七草

ガラスの器にすっぽり 和風花材ホオズキの モダンな活け方

色づきはじめた露地もののホオズキが出まわるのが、ちょうど立秋の頃。ぷっくりとした愛らしい形、ドライフラワーにしても変わらない鮮やかなオレンジ色は、花材としてもとても見映えします。和の器に活けてもよいですが、ガラスの花器もじつは好相性。中途半端に頭を出すよりもテラリウムのようにすっぽりと器に入れてしまったほうがバランスよく見えます。落ちてしまった実もさりげなくディスプレイしましょう。

ラベンダーとゼラニウム 精油の力でたっぷり保湿

強い紫外線で肌が荒れがちな季節。肌の炎症を抑える化粧水で保湿しましょう。作り方は、①ビーカーに無水エタノール５mℓを入れ、ラベンダーとゼラニウムの精油を５滴ずつ垂らし、よくかき混ぜる。②グリセリン５mℓと精製水または芳香蒸留水90mℓを入れ、消毒した遮光瓶（100mℓ）に入れて完成。冷蔵庫で保管し、２～３週間で使い切りましょう。

＊そのほか、ジャーマンカモミール、ローマンカモミール、ローズオットー、ネロリもおすすめ。
＊精油の効用と使用上の注意はP.214 ～ 220を参照。

食欲なくてもさらさら茄子の冷やし茶漬け

厳しい残暑で食欲も落ちてくる頃。茄子と梅干しの冷やし茶漬けなら、無理なく食べられます。作り方は、①茄子を焼いて皮をむき、細く裂く。②鍋にだし汁300mℓを入れ、梅干し1個を潰しながら1～2分煮る。③薄口醤油を小さじ¼加え、梅干しを濾し冷やす。④冷やご飯を流水で洗い、水を切り、器に盛る。⑤茄子、かつお節をのせ、だし汁を注ぐ。⑥小梅と刻んだバジルをのせて完成。

消化を助けるハーブブレンドティーで胃もお腹もすっきり

食後の胃もたれや不快感には消化を助けるハーブティーを。普段から習慣にしておくとお腹がすっきりします。おすすめのブレンドは、ペパーミント、ジャーマンカモミール、フェンネル、レモングラスです。ペパーミントは胃腸や肝臓、胆のうを助けるハーブ。カモミールは胃炎などに効き、フェンネルとレモングラスは消化を促します。ハーブの配合は同分量を目安に、好みで調整を。ティーカップ1杯に小さじ1くらいが適量です。

＊ハーブの効用と使用上の注意はP.214～220を参照。

暮らしの手作り

秋の草花のフラワーバスケット

【十三】

立秋《りっしゅう》

昔と比べて自然の中で見かけることが少なくなってきた秋の七草ですが、フジバカマやオミナエシ、ススキなどは、花屋さんでも比較的手に入りやすい植物です。

草花のアレンジメントには身近なバスケットがお似合い。リボンを通すことで吊るして飾れます。リボンは麻ひもや裂き布など、好みの雰囲気で。

生花はフローラルフォームが必要になりますが、ドライフラワーはそのまま無造作に入れても様になります。

生花で楽しみ、ドライフラワーになったら、いったん抜いて飾り直す。同じ花材で違った雰囲気が楽しめます。

― 作り方 ―

1. 吸水したフローラルフォームをセロファンで包み、バスケットの中に入れる。外にはみ出したセロファンは切る。

2. フローラルフォームが隠れるように、バスケットの縁に沿わせてヒペリカムを挿す。

3. 一番背の高いイガグリを中心に挿し、それに寄り添うように2本目を、反対側に3本目を、高低差をつけて挿す。

4. リンドウ、ヘレニウム、ホトトギスを、イガグリとヒペリカムの間に高低差をつけて挿す。

5. 小花のオミナエシ、フジバカマ、ワレモコウを、隙間を埋めるように挿す。

6. パニカム、スモークグラス、パンパスグラス、ススキを挿し、ボリュームと空気感を出してでき上がり。

― 材料 ―

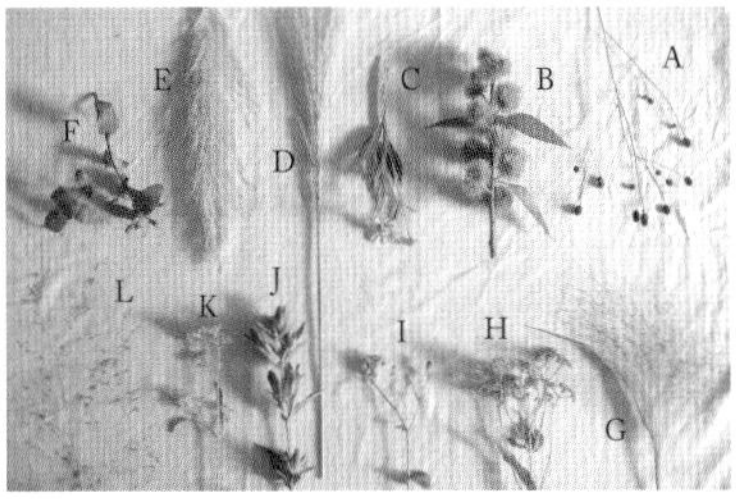

＊本数は目安、花材の状態で適宜変える。

A ワレモコウ…3本
B イガグリ…3本
C ヘレニウム…3本
D ススキ…2本
E パンパスグラス…1本を分ける
F ヒペリカム…5本
G スモークグラス…5本
H フジバカマ…5本
I ホトトギス…5本
J リンドウ…3本
K オミナエシ…5本
L パニカム…5本

[用意するもの]

フローラルフォーム、リボン（4㎝幅を120㎝）、バスケット（直径、高さ共に19㎝）、新聞紙、セロファン、カッター、花バサミ

[下準備]

新聞紙をバスケットの1/3くらいまで詰める。

フローラルフォームに吸水させ、バスケットに入る大きさに切る。高さは籠の2/3にする。

リボンの端を2つに切り、バスケットの隙間に先端を入れ、内側で固結びする。

【十四】

処暑《しょしょ》

八月二十三日～九月七日頃

荒々しい風が野を吹き抜け
稲穂が垂れて秋虫が鳴く

黄金色に輝く稲穂
風に揺れる美しい姿は
日本の原風景

残暑はまだまだ厳しいとはいえ、朝晩は過ごしやすくなってきます。灼熱の太陽にじりじりと焦がされ、熱を抱え込んでいた大地も少しずつ穏やかな顔をのぞかせるようになりました。

この頃からイネ科の穀物が実りはじめます。イネ科といわれてまず思い浮かぶのは、日本人にとって大切な主食であるお米。黄金色に輝く稲穂が風に揺れる美しい姿は、どこか懐かしい日本の原風景ではないでしょうか。

稲はイネ科イネ属。原産地は諸説ありますが、今から三千年も前の縄文時代に渡来してきました。世界で食べられている品種は、ジャポニカ種とインディカ種に大きく分けられます。日本で作られているのはジャポニカ種。含まれるデンプンの種類によって、通常、白米として食べるうるち米と、粘り気の強いもち米があります。稲の花はとても小さく、籾を割るように開きます。開花は八月頃、天気のよい午前中の二時間ほど。受粉したらすぐに閉じ、籾《もみ》の中でどんどん実（米）を太らせ、その四十〜五十日後には収穫を迎えるのです。

食用の米ばかりでなく、花材としての稲もなかなか魅力的。しなやかに揺れる稲穂は懐かしさや温かみを感じさせ、アレンジメント全体の印象を変えてくれる面白みのある花材です。

稲には、菊や松のような和の花材はもちろんのこと、秋の七草のような繊細な草花も似合います。さらに、ドライフラワーのナチュラルな雰囲気との相性も抜群。色鮮やかだった生花もくすんだドライフラワーになれば、素朴な稲とバランスがとれます。リースやスワッグなど、そのまま飾れるアレンジメントにもぴった

【十四】

処暑《しょしょ》

りです。稲だけ、あるいはほかのイネ科の植物と合わせて、ブリキの水差しにざっくり活けても実りの秋らしい風情が楽しめます。なかでも、もともと祭りなどに使われていた野生稲《やせいとう》の特徴を持つ古代米は、食用ではなく観賞用として育てられるものも多く、穂の色が黒や赤紫、赤茶などシックな雰囲気です。素朴な印象の通常の稲に比べ、華やかな色合いの花との相性もよく、落ち着いた引き締め役になります。

　花材として稲を使うイメージはあまりないかもしれませんが、ほかにはない日本的な情緒と組み合わせの自由さが、花束やアレンジメントの幅を広げてくれるのです。

この節の七十二候

初候　8月23日〜8月27日頃

綿柎開

（わたのはなしべひらく）

綿の実が開き、ふわふわの白い綿が見えはじめる頃

次候　8月28日〜9月1日頃

天地始粛

（てんちはじめてさむし）

空が高くなり、ようやく暑さがおさまりはじめる頃

末候　9月2日〜9月7日頃

禾乃登

（こくものすなわちみのる）

たわわに実った稲が黄金色に色づき、収穫が近づく頃

麦や稲を束ねた箸置きで実りの秋を食卓に

穀物を使った箸置きは、どことなく心をほっとさせてくれるやさしさがあります。作り方は、①麦や稲など、好みの穀物で小さな束を２つ作り、それぞれ輪ゴムで留める。②穂先を外側に向け、中央に紙を巻いて１つにまとめる。③紙を巻いた部分を隠すように麻ひもをきれいに巻いて完成。お客さまがいらした際のおもてなしやささやかなプレゼントにどうぞ。

ユニークな穀物の姿や佇まいを愛でるようにのびやかに活ける

稲や粟、麦や稗《ひえ》など穀物のドライフラワーだけの花活けは、普段の暮らしにしっくり溶け込みます。色合いは控えめですが、とんがった芒《のぎ》、ユニークな形、しだれるような佇まい、直線的で潔い姿など、種類を増やせば増やすほど奥行きが出てきます。花器はできるだけシンプルなものを。それぞれの穀物が元気に顔を出すように、自由に活けてみましょう。ドライフラワーなので、花枯れを気にせずに飾っておけるのもうれしいところ。

ミニスワッグを吊るしたモビールはまるで小さな収穫祭

風にたゆたうモビールは眺めているだけでも心穏やかになります。秋の風情を感じるように、穀物とユーカリでモチーフを作りました。小さなスワッグをいくつか作ったら、後はワイヤーと糸でつないでいくだけ。あっちへゆらゆら、こっちへゆらゆらと、バランスをとっていくのも心が躍ります。生花は水分が抜けると重さが変わり、バランスが崩れてしまうので、ドライフラワーがおすすめです。

家庭のお風呂で炭酸泉を体験できるアロマバスフィズ

ぶくぶくと泡が出て炭酸泉のできるバスフィズは、作る楽しみも使う楽しみもたっぷり。作り方は、①クエン酸40gとグリセリン小さじ½をしっかり混ぜる。②重曹80g、岩塩20g、好みのドライハーブ大さじ1、精油12滴をよく混ぜる。③容器に少しずつ入れながらヘラで固め、冷蔵庫で２日間寝かして完成。完全に固まってから使いましょう。

＊精油の効用と使用上の注意はP.214 〜 220を参照。

暮らしの手作り

・・・・・

穀物の実りを感じる
月形リース

【十四】

処暑

しょしょ

処暑の七十二候の初候は「綿柎開（わたのはなしべひらく）」、末候は「禾乃登（こくものすなわちみのる）」と、綿花や禾《のぎ》といった秋の植物が出てきます。その候にちなみ、穀物をたっぷり使った月形のリースを作りました。

土台はワイヤーを使用。自由に曲げられるので、自然な動きを出すことができます。

どの花材もすでにドライになっているので、色落ちやカビの発生を防ぐため、直射日光や高温多湿を避ければ一年以上飾っておけます。

同じ花材でスワッグもおすすめです。リースに比べるとクールな印象になります。

― 材料 ―

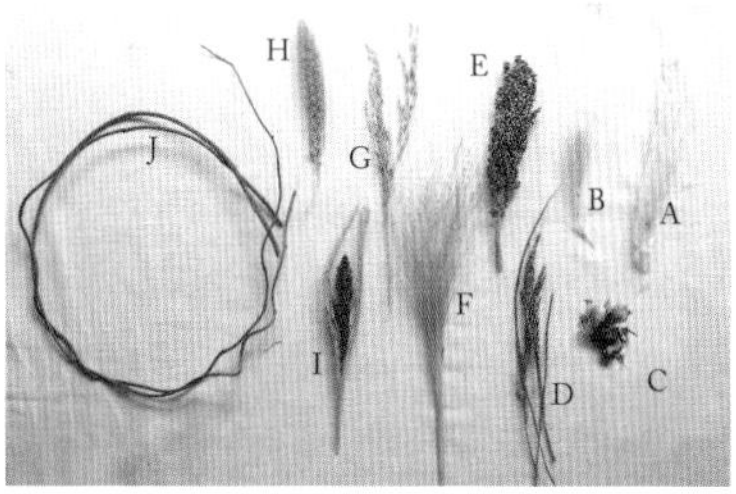

＊本数は目安。花材の状態で適宜変える。

A パンパスグラス…幅３～４㎝、長さ15㎝ほどの束を３束
B グラスペニセタム…５本
C ワタ（茶）…３個
D 古代米…20本
E コーリャン（タカキビ）…１本
F スモークグラス…３本
G イネ…50～60本
H アワ…５本
I フレイクチョコラータ（黒ヒエ）…２本
J 赤づる…２本

［用意するもの］

ワイヤー（18番）２本、フローラルテープ（オリーブグリーン）、金ワイヤー（28番）

― 作り方 ―

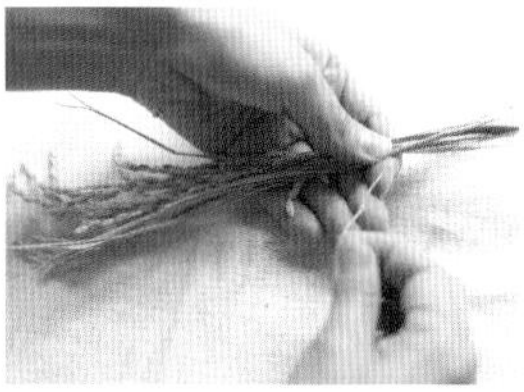

1. ワイヤー２本にテープを巻き、土台を作る。イネを10～15本まとめて金ワイヤーで巻く。金ワイヤーは切らない。

2. 穂先が重ならないようずらしながら巻く。同じ種類が続かないようにする。

3. 土台の⅔まで巻いた状態。土台が弓形になっていることを確認し、逆側にも花材を巻く。

4. 左右の起点となった場所にワタを置き、土台に沿わせるように金ワイヤーで巻きつける。月形リースができる。

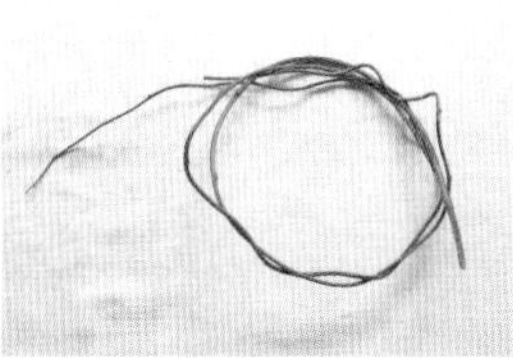

5. 赤づるを丸めて一カ所を金ワイヤーで留める。

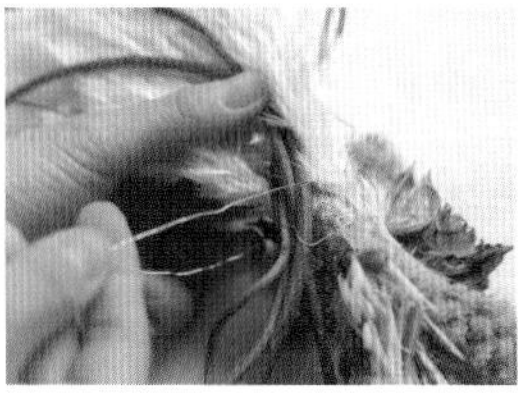

6. ワタの端を中心にして、月形リースを金ワイヤーで５～６回巻いて赤づるに括りつけてでき上がり。

【十五】　はくろ

白露

九月八日～九月二十二日頃

残暑が引いて空気は夜冷え
朝もやの草の葉に雫が光る

夜になると大気が冷え込むようになり、昼間の湿った空気は、朝方に宝石のような露に変わって、草木に姿を現します。空は少しずつ高くなり、いよいよ本格的な秋の到来です。

この時季、ふとしたときに華やかな甘い香りを含んだ秋風が立つことがあります。その香りの正体はモクセイ。モクセイ科モクセイ属、中国原産の常緑小高木です。

現在、日本にあるモクセイは、花色が濃い黄色のキンモクセイがよく知られています。芳香がよいうえに、鮮やかな黄金色の花が密集して咲く姿はひときわ目を引く存在。そのほか、キンモクセイほど花は密集しませんが、同じような甘い香りで白い花を咲かせるギンモクセイ、淡黄色《たんこうしょく》の花を咲かせるウスギモクセイがあり、この三種を総称してモクセイと呼んでいます。日本へは花つきのよい雄株しか渡来していないため、果実を見ることはできず、主に挿し木で増やされてきました。

モクセイの香りは香水の原料としてもすばらしいもの。学名のオスマンサスフラグランスにちなみ、香料もオスマンサスと呼ばれ、溶剤抽出をして得られています。香料業界に広く知られるオスマンサスは、世界でも有数のモクセイ産地といわれている中国・桂林で主に作られてきました。現在も、品質のよい香水の原料として愛されています。

桂花《けいか》とも呼ばれるモクセイの花は、古くから風邪や痰切り、歯痛などの薬にもされてきました。その香りのよさから花茶や酒、シロップなどとしても用いられています。かの楊貴妃も愛飲したといわれる桂花陳酒は、白ワインに桂花を三年間漬けて熟成させ

【十五】

白露《はくろ》

宝石のような朝露が
きらきらと草木に舞い降りると
涼しい風が吹きはじめる

たもの。宮廷の秘酒といわれ、桂林の特産品として人気です。

この桂花陳酒に憧れて、庭のキンモクセイで白ワインシロップを作ったことがあります。咲いたばかりのキンモクセイの花を丁寧に摘むのは、風のない静かな朝。水でさっと洗ったキンモクセイに白ワインと砂糖を入れて煮詰めれば、咲きたての香りを閉じ込めた黄金色の美しいシロップに。ヨーグルトやアイスクリーム、トーストなどによく合います。

少しの手間で季節の風物詩を長く楽しむ。植物とのつきあい方の一つの形だと感じています。

この節の七十二候

初候　9月8日〜9月12日頃

草露白
(くさつゆしろし)

草の葉などに現れた朝露や夜露が白く美しく見える頃

次候　9月13日〜9月17日頃

鶺鴒鳴
(せきれいなく)

セキレイが長い尾を上下に振りながら鳴きはじめる頃

末候　9月18日〜9月22日頃

玄鳥去
(つばめさる)

春にやってきたツバメが子育てを終え、南の国へ帰る頃

ぷるるん、とろり
キンモクセイの葛湯で
心も体も健やかに

きらきらと輝く黄金色は、キンモクセイの葛湯です。華やかなキンモクセイの香りと小さな愛らしい花をいっぺんに楽しめて、体にもうれしい効能がたっぷり。市販の葛湯でお湯を注ぐところを、キンモクセイのお茶、桂花茶に変えるだけ。お茶を入れた後、少し火にかけると透明感が出てとろみもつきます。出しがらの茶葉の花も少量入れるときれいです。

ロマンチックな花ほど
無造作に活けてみる

少し厚めの花びらと、水色の小花が可愛らしいブルースター。海外では男の子の赤ちゃんが生まれたときのお祝いの花としても親しまれています。とてもロマンチックな雰囲気の花なので、活けるときはホーローの桶などにざっくりと、無造作なくらいのほうがファンシーになりすぎず、部屋にしっくりなじみます。切り口から出る白い乳液が肌に触れるとかぶれることがあるので気をつけて。

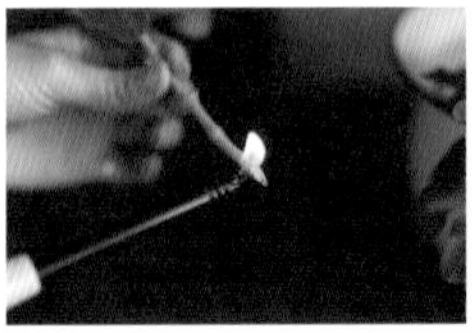

白い液で水あげが悪くなるので、切り口を熱湯に10秒浸けるか、黒く炭化するまで火で焼いてから水に入れると水があがります。

ハーブの恵みが凝縮された自然の薬、ハーブチンキ

ハーブチンキとは、アルコールにハーブを漬けたもの。水に溶けやすい成分と油に溶けやすい成分の両方が抽出できます。作り方は、①好みのハーブを煮沸消毒したガラス瓶の5分目まで入れる。②ハーブがしっかり漬かるようにウォッカを入れる。③1日1回瓶を振り、常温で2週間置いたらハーブを濾して、煮沸消毒した遮光瓶に入れて完成。いつもの飲み物に小さじ半分ほど垂らして飲みます。1年をメドに使い切りましょう。

＊ハーブの効用と使用上の注意はP.214～220を参照。

瓶の右から時計まわりに、ジャーマンカモミール、ローズ、エキナセア、エルダーフラワー。

発根しやすい植物は水耕栽培におすすめ

ポトスやアイビー、ローズマリーなど、水に入れておくと根が出る植物は水耕栽培に向いています。鉢植えに比べ、水替えだけで育つので、インテリアの一部として植物の魅力を知る第一歩にも。ガラス容器に根を見せて活けると、日々の変化も楽しめます。水の量は根の部分だけで十分。水中に葉が浸かっていると水が腐る原因になり、植物も傷むので、忘れずに取り除くようにしましょう。

暮らしの手作り

シダ植物の Iライン ガーランド

【十五】

白露

はくろ

多種多様なシダ植物。どちらかというと地味な存在で、あまり日の目を見ることはありませんが、一つひとつまったく違う不思議な姿形は、花材としても面白い存在です。

薄い緑から濃い緑までグラデーション豊かな葉の色は、普段のアレンジメントに野性味をプラスしてくれます。

ドライになると、くるくると変形し、生花のときとはまた違う可愛らしい姿を見せてくれるのも興味深いところ。

シンプルなIラインのガーランドにすることで、ワイルドなシダ植物が少しずつ変化していく過程をより一層楽しむことができます。

― 材料 ―

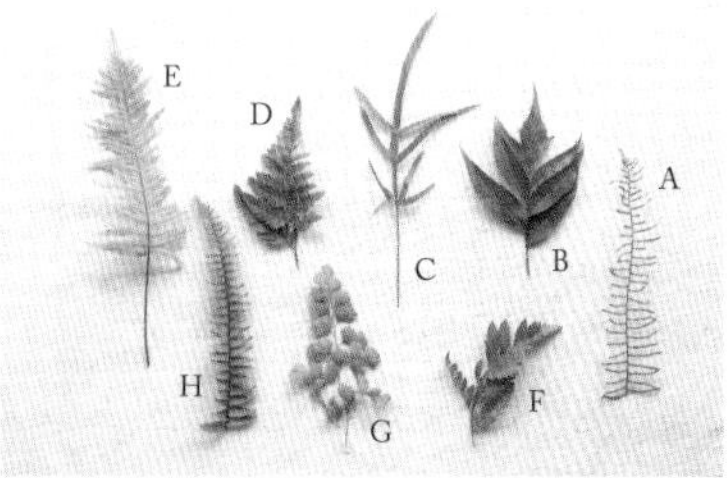

（長さ約50㎝）

＊本数は目安。花材の状態で適宜変える。

A　シースターファーン…２本
B　ナガバヤブソテツ…５本
C　イノモトソウ…５本
D　トキワシノブ…５本
E　アオネカズラ…５本
F　レザーファーン…５本
G　アジアンタム…５本
H　タマシダ…５本

［用意するもの］

ワイヤー18番（２本）、フローラルテープ、麻ひも

― 作り方 ―

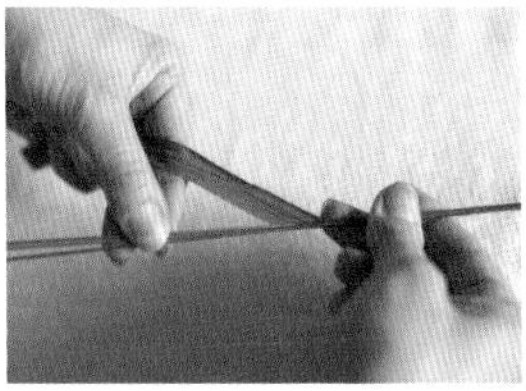

1. ワイヤーをテープで巻いて１本にまとめ、土台を作る。

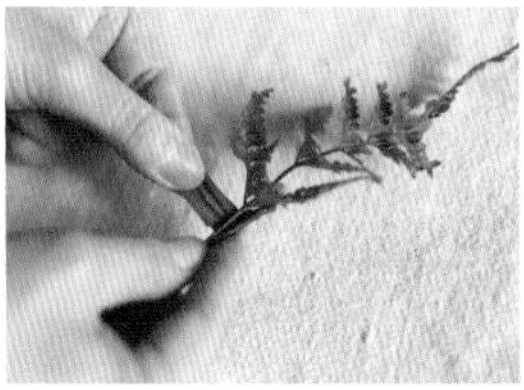

2. ガーランドの一番下になる箇所から好みのシダをテープで巻きつける。

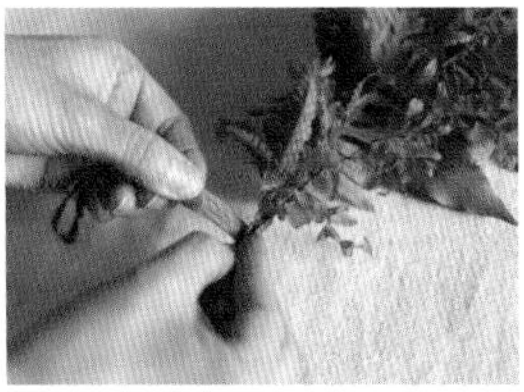

3. 同じ花材が固まらないよう、葉先を左右に少しずつずらしながら巻きつける。

4. 土台が残り２㎝になるまでシダを巻きつけたらテープを巻き終える。

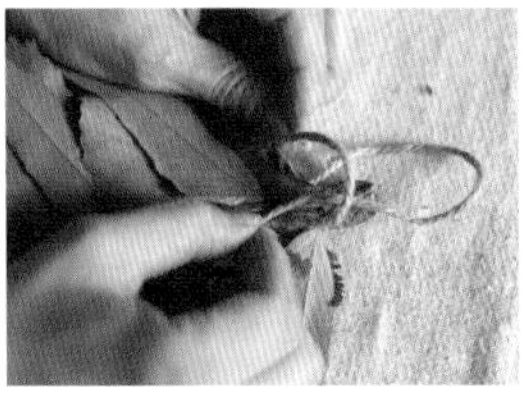

5. ガーランドを裏返して、茎とワイヤーの間に麻ひもを通し、吊るすための輪を作る。

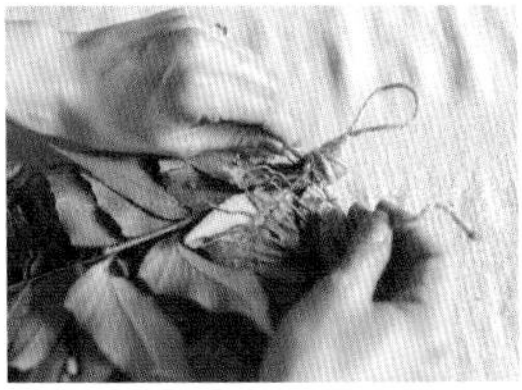

6. 輪の上からテープを隠すように隙間なくきれいに麻ひもを巻いてでき上がり。

【十六】

秋分《しゅうぶん》

九月二十三日～十月七日頃

昼夜の長さは再び同じに
晴れ渡る空にはいわし雲

秋分の初日は春分初日と同じく昼と夜の長さが同じ日。この日を境に、昼の時間より夜の時間が長くなり、風景も秋らしさが深まっていきます。道ばたの草木は、気づけば落ち着いた彩りに変わり、朝晩のきりっと澄んだ空気は、急に年の暮れの近づきを感じさせ、不思議な懐かしさや寂しさを覚えたりもします。

そんな引き締まった空気の中、鮮やかな青紫の花を咲かせるリンドウは日本的情緒あふれる植物。秋の野山にすっと立ち上がるように咲くその姿は凛として美しいのです。

リンドウはリンドウ科リンドウ属。漢名では竜胆《りゅうたん》（龍胆）と呼ばれ、音読みが変化してリンドウとなりました。根が竜の肝のように苦いことが名の由来となっています。

もともとヨーロッパでは、ゲンチアナというリンドウ科の多年草の根を乾燥させて粉末にしたものを健胃薬としていました。このゲンチアナの粉末は非常に苦く、その苦みが健胃作用をもたらしていたのです。しかし、日本ではゲンチアナを調達することが難しかったので、同じように根が苦く、しかも容易に入手できるリンドウが健胃薬として使われるようになったのでした。

園芸種としてはササリンドウ、エゾリンドウやその交配種があります。花形は釣り鐘状、または筒状。花弁は半開き、または開かない品種も多いのが特徴です。開く品種でも雨や曇りの日は閉じていて、陽の光が当たる晴れの日の昼間しか開きません。青のイメージが強いですが、白や赤紫などの柔らかな色合いのリンドウもやさしい雰囲気で人気です。

切り花としても多く出まわるリンドウですが、受粉すると花の

【十六】

秋分《しゅうぶん》

情緒あふれるリンドウは
生花の盛りを過ぎてもなお
鮮やかな青紫を湛える

持ちが悪くなるという性質があります。しかも受粉したその花一つでなく、そこからエチレンガスが出されることでまわりの花にまで影響が及んでしまうことも。切り花のリンドウで花の色が茶色っぽく変化しているものがあったら、その花だけ取り除いてしまいましょう。より長持ちします。

ドライフラワーとしても美しいリンドウ。作り方のコツは二つです。一つめは青紫の濃い花を選ぶこと。白や薄い赤紫のリンドウは変色が目立ってしまいます。二つめは花が開いているものを選ぶこと。密集したリンドウの花は蒸れやすいので、それを防ぐためです。花の色を生かしたい場合は、葉を取り除くのも一つの方法。直射日光の当たらない風通りのよい場所に吊るせば、深い青紫のドライフラワーを楽しむことができます。

この節の七十二候

初候　9月23日～9月27日頃

雷乃収声

（かみなりすなわちこえをおさむ）

夏の間、夕立に伴い鳴り響いていた雷が鳴らなくなる頃

次候　9月28日～10月2日頃

蟄虫坯戸

（むしかくれてとをふさぐ）

寒さを感じとった虫が冬ごもりの準備をはじめる頃

末候　10月3日～10月7日頃

水始涸

（みずはじめてかるる）

たわわに実った稲の収穫のため、田から水が抜かれる頃

ドライになっても美しさを保つ秋色紫陽花のリース

アンティークな色合いの秋色紫陽花はリースにも向いています。20㎝のリース土台なら、３輪くらいの紫陽花を惜しみなく使うと、ドライフラワーになったときもきれいです。輸入物の紫陽花は水分量が少なく、ドライフラワーになりやすいのですが、６月頃に日本で咲く紫陽花は、旬の時季には水分量が多すぎてドライには向きません。立ち枯れ[※1]させてから切り花にすると、きれいなドライになります。

※１ 花が咲いた後、切らずにそのまま枯らすこと。じわじわと水分が抜けていき、ドライフラワーになりやすいが、本来は花後に剪定をしたほうが翌年にきれいに花が咲きます。

深く気持ちよい眠りにはクラリセージの精油を

ぐっすりと沈むように眠りに落ちたい。そんなときに活躍する精油はクラリセージ。心身の緊張をゆるめ、深く気持ちのよい眠りに導いてくれます。ティッシュなどに１滴垂らし、少し離れた枕元に。ただし、近い場所に置くと、効果が強くなりすぎて気分が悪くなる場合もあるので注意が必要です。車の運転前など集中するときには使わないようにしましょう。

＊精油の効用と使用上の注意はP.214～220を参照。

【十六】

秋分《しゅうぶん》

植物の恵みが
じんわりと体をめぐる
練り香水

冷たい空気が頬をかすめるようになると、体温でゆっくりと香る練り香水が恋しくなります。作り方は、①耐熱容器にホホバオイル10mℓとミツロウ５gを入れ、湯煎にかける。②ミツロウが溶けたら好みの精油を15滴入れ、丸形容器（20mℓ）に注ぎ、冷やして完成。本来、大人で一番安全といわれている希釈濃度は１％ですが、練り香水は大量に塗るものではないので、５％と濃度を高くしています。精油のブレンドはお好みで。

＊つける前に必ずパッチテストをすること。問題があった場合は使用を中止してください。

秋色紫陽花の花活けは
余白を生かすと
落ち着いた佇まいに

絶妙なグラデーションの秋色紫陽花の花びらは、近くで見るほどとりこになります。小分けにして目の届く場所に飾れば、日々愛でることも。紫陽花の色合いを生かしたいので、活ける器はシンプルな白に。紫陽花はつい、こんもりと盛りたくなってしまいますが、器が半分ほど見えるくらいのほうがバランスもよく、シックで品のよい雰囲気になります。

暮らしの手作り

ドライフラワーの
アンティーク風花束

【十六】

秋分《しゅうぶん》

そのまま飾っておけるドライフラワーは、生花が日持ちしない気温の高い時季にも気軽に使える花材です。生花の鮮やかな色合いとはひと味違う落ち着いた色合い、アンティークな雰囲気がインテリアにやさしくなじみます。

アンティーク風花束のメインに使った花材はアーティチョーク。ワイルドな面持ちですが、タデやアイ、シュウメイギクのような華奢な花材と組み合わせることで全体の印象が柔らかくなります。

ドライフラワーは日持ちがするとはいえ、湿気と直射日光は大敵。風通しのよい室内で長く楽しみましょう。

― 材料 ―

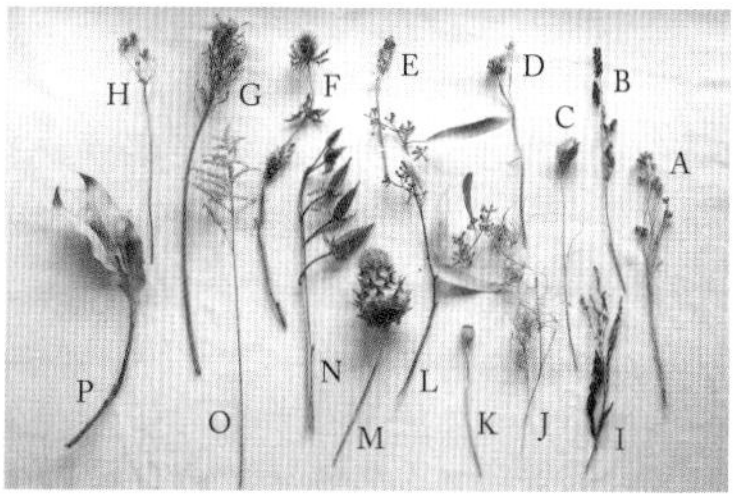

（約縦35×横25cmの花束１束分）

＊本数は目安。花材の状態で適宜変える。

A　イクソディア…４本
B　タデ…４本
C　ニゲラ…４本
D　ローナス…５本
E　サルビア…５本
F　エリンジューム…３本
G　リューカデンドロン…１本
H　シュウメイギク…４本
I　アイ…５本
J　ゴアナクロー…４本
K　シャーリーポピー…３本
L　ユーカリポポラスベリー…３本
M　アーティチョーク…２本
N　オクラ…２本
O　アスチルベ…２本
P　レモンユーカリ…３本

［用意するもの］

リボン、花バサミ、ハサミ

― 作り方 ―

1. 背が高く土台になりやすいオクラやリューカデンドロンなどを扇型になるように重ねながら束ねる。

2. **1**の花材よりも少し背の低いものを順に重ねる。２本のアーティチョークは高低差を出す。

3. 低い位置のアーティチョークは持ち手の少し上に重ねる。

4. アーティチョークよりも背が低くて華奢なものを、茎の部分を隠すように重ねて束ねる。

5. 茎の部分をリボンでしっかり結ぶ。

6. バランスを見ながら全体を整えてでき上がり。

【十七】

寒露《かんろ》

十月八日～十月二十三日頃

深まる秋に冷たい露が結ぶ
燕が去り、雁が渡ってくる

野の草花に宿る露は冷たく、空気は澄み渡り、見上げた空は高く、日に日に夜が長くなってきます。

この時季、私たち日本人にとてもなじみのある菊の花が旬を迎えます。菊は昼よりも夜が長くなってくると蕾がふくらむ短日植物。花屋さんには一年中菊の花が置いてあるので、旬の季節がわかりにくいのですが、本来はこの時季に咲く花です。

仏花としての印象が強い菊ですが、品種改良されたものには、色も形も従来のイメージを払拭する華やかな種類が増えました。花持ちもよく、色彩も豊かで優秀な花材です。

菊はキク科キク属。その起源は中国の唐時代と考えられており、奈良時代に日本へ渡ってきたという説があります。中国ではもともと薬用での利用が高く、日本にも薬として渡来したよう。菊の花の生薬名は菊花《きっか》。不老長寿の薬として親しまれ、現在も解熱や解毒、女性特有の不調に有効な漢方として活用されています。

薬用のほか、食用菊としての栽培も盛んに行われており、特に東北地方では煮浸しや和え物、酢の物など、身近な郷土料理として愛されてきました。保存食としては、花弁だけを蒸して海苔のように干した「干し菊」も生産されています。

ちなみに刺し身のつまとして添えられる小菊は、菊の解毒作用に期待し、食中毒などを防ぐ意味合いもあったそう。食べるときは花弁だけを取り、しょうゆに散らして刺し身と一緒に食べると風味も味わえます。

食用菊が大好きな私は、黄色の食用菊に加え、一年の中でこの時季だけ出まわる赤紫の「もってのほか」も楽しみです。黄色や

寒露《かんろ》

不老長寿の花とされる菊
繊細な花弁をあしらえば
ひと味違う料理の仕上がりに

赤紫の食材はほかにもあるのですが、同じ色味でも薄く繊細な花弁をあしらうと、ひと味違う料理の仕上がりになります。

スーパーで売っているパック入りの菊は分量が多いので、上手に保存して小分けで使うのがコツ。私は、生で食べる分以外は湯がいて冷蔵または冷凍します。沸騰した湯に酢を少量入れて湯がいたら冷水にとり、水気をしっかり絞ること。冷蔵なら一週間以内に、冷凍の場合は平たくして一回分ずつ小分けにし、自然解凍で二か月以内に使い切ります。

菊の生の香りが気になるという方は、量を少なめにするか、少し味の濃いものにアレンジしてみましょう。湯がく場合はあっさりめの煮浸しやスープでもおいしくいただけます。

菊は見た目も美しいし、味もおいしい。しかも薬効の高さで体の中まできれいにしてくれるのです。

禁忌　食用菊は、キク科アレルギーの方は使用を避けてください。菊を口にした際に少しでも異変があったらすぐに摂取をやめ、医療機関に相談するようにしましょう。

この節の七十二候

初候　10月8日〜10月12日頃

鴻雁来

（こうがんきたる）

春に北の地へ帰った冬鳥のガンが海を渡り戻ってくる頃

次候　10月13日〜10月17日頃

菊花開

（きくのはなひらく）

不老長寿の花とされる菊の花が旬を迎えはじめる頃

末候　10月18日〜10月23日頃

蟋蟀在戸

（きりぎりすとにあり）

キリギリスやコオロギなど、戸口で虫が鳴きはじめる頃

控えめな和菊から鮮やかな西洋菊まで秋の花活けの代表格

日本の和菊がヨーロッパに渡り、品種改良されたとされる菊は、マムと呼ばれ、菊とは思えない華やかな品種が多数。ダリアのように大きく艶やかに開くデコラ咲き、花びらが筒状になっているスパイダー咲き、花がまん丸のポンポン咲き、花色がグラデーションになっている複色のものなど。この時季、花屋さんにも多くの種類が並ぶので、ぜひ花活けに使ってみましょう。

体の芯からぽかぽかスパイスミルクティー

寒い夜に、体も心も温まるスパイスミルクティーはいかがでしょう。作り方は、①シナモンスティック半分、カルダモン1個、クローブ2個を砕く。②水200㎖と一緒に中火にかけ、茶色くなったら火を止める。③ドライのペパーミント小さじ1を入れて3分置く。④砂糖小さじ2と牛乳200㎖を入れて沸騰直前で火を止め、濾して完成。砂糖の量はお好みで。

まるで立体絵画のよう アーティスティックな ドライフラワーの装飾

自然のままにうつろう季節や植物の様子を閉じ込めたドライフラワーのアレンジメント。水槽のようなガラス容器にドライフラワーを立体的に飾ります。蔦や実ものなど、絡みやすい花材を器の中に入れてから、空間を埋めすぎないように花を飾るのがポイントです。蔦は容器からはみ出させてもナチュラル。植物で絵を描いていくような気分が味わえます。

スーパーフードの キヌアと菊を合わせた 栄養満点サラダ

食用菊の黄色がとても美しい、栄養価も高いサラダです。作り方は、①キヌア大さじ2をひたひたの水で柔らかく煮て、湯を切り冷ます。②きゅうり1本は角切り、ミニトマト8個はくし切りにし、塩小さじ¼をまぶし、5分置いて水気を絞る。③食用菊2輪は花弁を外す。④レモン汁大さじ1とオリーブオイル大さじ1を混ぜ、みじん切りした紫タマネギ大さじ1強、キヌア、すべての野菜、食用菊を混ぜて、塩こしょうして完成。

＊菊には使用上の注意があります。詳しくはP.220を参照。

暮らしの手作り

重陽の節句に
思いを馳せる
菊花寿司

【十七】

寒露《かんろ》

菊の節句ともいわれる重陽の節句は旧暦の九月九日。一か月の差がある新暦ではちょうど寒露の頃です。七十二候の次候「菊花開」（きくのはなひらく）にもちなみ、菊の花が旬を迎えるこの時季、食用菊を使って菊花寿司を作ってみませんか。

食用菊は、生花と乾燥がありますが、どちらでもかまいません。酢を加えているため傷みにくく、お弁当にも最適です。運動会などで、みんなで少しずつつまむなら、小さめのボール形にしても可愛いですね。もちろんお弁当箱に直接詰めても色鮮やかで食欲をそそります。

― 材料 ―

（1人分）

A シソの葉… 3～4枚
B 乾燥菊「もってのほか」…1.5g
C 食用菊… 3～4個
（菊の花の大きさによって調節）
D 白飯…100g
E 白ごま…小さじ1.5
F 寿司酢…小さじ2強

［下準備］

乾燥菊は酢小さじ1（分量外）を加え、30℃のぬるま湯に浸して10～15分置く。

シソの葉は2㎜幅のせん切りにする。

白飯に寿司酢を混ぜ、酢飯を作る。

＊菊には使用上の注意があります。詳しくはP.220を参照。

― 作り方 ―

1. 食用菊は花弁だけを取り、ほぐす。沸騰した湯に酢大さじ1（分量外）を加え、花弁を入れてさっと湯がく。

2. すぐに冷水に浸す。

3. ぬるま湯に浸しておいた乾燥菊と、湯がいた食用菊の両方をしっかり絞り、水気を切る。

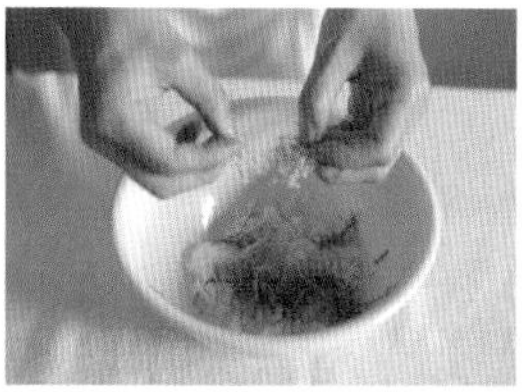

4. 絞った菊の花びらを手でほぐしながら酢飯に入れる。ほぐさないと全体を混ぜるときに固まるので注意する。

5. **4**の酢飯にシソの葉と白ごまを加え、ざっくり混ぜる。

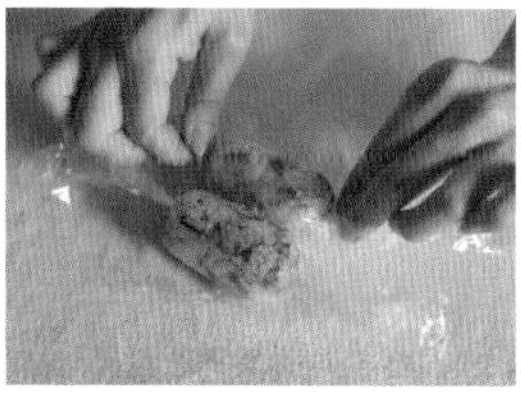

6. ラップに包んで両脇を絞り、俵形にする。

【十八】

霜降《そうこう》

十月二十四日～十一月七日頃

草が枯れ、山は紅葉で色づき
小雨が降って朝夕冷え込む

小さな赤い実を豊かに実らせる野バラは晩秋を象徴する植物

秋の最後の節です。山間には霜が降りはじめました。晩秋を迎える植物は見ているだけで楽しいもの。一年の間に蔦ものは伸びに伸びて野性的な姿となり、実ものは可愛らしく色づきました。

赤や茶、黒など、色も形も個性的な実ものがたくさんありますが、枝ぶりもよく、小さな赤い実を豊かに実らせる野バラは、この季節を象徴する植物です。フレッシュでも、ドライでも、アレンジメントに入れるとぐっと秋らしさが増すので、花材としてもよく使います。

野バラはバラ科バラ属。ノイバラともいわれ、北海道から九州まで広い地域で自生しています。園芸品種のバラをもたらした原種であり、五月から六月に咲く一重咲きの白い花は、いわゆるバラのイメージとはまったく違って素朴で可愛らしい。そしてこの時季になるとラグビーボール形の一センチ弱の小さな赤い実を結実させます。園芸用に品種改良されたバラは実をつけませんが、原種に近いバラは実をつけます。いわゆるローズヒップです。

ローズヒップというとハーブティーが思い浮かびますが、お茶として利用されるローズヒップはカニナバラ（別名はイヌバラ）という品種で日本には自生していません。ヨーロッパ、北西アフリカ、西アジアの原産で、野バラと同じような一重の白や淡いピンク色の花が咲きます。野バラより少し大きい実をつけますが、こちらがローズヒップティーの原料。ビタミンCの宝庫であり、その量はレモンの二十〜四十倍ともいわれています。抗酸化作用の高いビタミンCの供給源として、風邪予防や肌荒れの炎症を落ち着かせるなど、健康や美容維持に役立つハーブ。穏やかな酸味

【十八】

霜降

そうこう

は、とても飲みやすく、はじめて口にする方でも抵抗なく飲むことができます。実の中の種子を絞った植物油はローズヒップオイル。肌のハリや弾力など、組織の損傷を回復してくれる必須脂肪酸を多く含み、美容分野で大変重宝されています。

日本に自生している野バラの実はハーブティーではなく、営実《えいじつ》という名の生薬として利用されています。薬効としては利尿、瀉下《しゃげ》（下痢）。効能が強いため使用量には注意が必要です。

東京都調布市にある神代《じんだい》植物公園には、豪華絢爛に咲き誇る園芸種のバラ園の隣に野生種のバラを集めたオールドローズ園があります。ちょうど実のなる時季に訪れたのですが、少しずつ異なる色や形のバラの実の愛らしいことといったら。隣では秋咲きのバラが艶やかに咲いていたのですが、すっかりバラの実の魅力に心奪われてしまいました。花の盛りの時期にはまだ行ったことがないので、次は野生種ならではの花比べをするのが楽しみです。

この節の七十二候

初候 10月24日〜10月28日頃

霜始降
（しもはじめてふる）

朝晩はぐっと冷えこむようになり、霜が降りはじめる頃

次候 10月29日〜11月２日頃

霎時施
（こさめときどきふる）

さっと降ってはやむ通り雨のたびに少しずつ寒くなる頃

末候 11月３日〜11月７日頃

楓蔦黄
（もみじつたきばむ）

モミジやツタなどの草木が色づき、美しくなってくる頃

いつものハチミツに ハーブで色味と酸味を

ローズヒップとハイビスカスのドライハーブを使ったハチミツ漬けです。ヨーグルトやパン、お茶に入れて、ハーブも丸ごと食べられます。作り方は、①ハチミツ100mℓ、ローズヒップとハイビスカス各小さじ1½を煮沸消毒した耐熱容器に入れる。②かき混ぜながら50℃の温度で15分湯煎する。③粗熱を取って完成。1週間以内に食べ切りましょう。ハーブを濾したハチミツは1か月保存可能です。

＊ハチミツは60℃以上で成分が壊れるので温度が上がりすぎないよう注意しましょう。

和モダンな松の苔玉で 植物の小宇宙を愛でる

こぶりな苔玉は、置くスペースにも困らず、観葉植物初心者にもおすすめ。和風の松の苔玉をモダンな真鍮のトレイにのせて、和洋折衷な雰囲気を楽しんでみませんか。作り方は、①ケト土、赤玉土、水苔を4：1：1で混ぜたら、よく湿らせて練る。②松の根についた古い土を落とし、❶の土を松の根のまわりにつけて、直径8㎝くらいに丸める。③ハイゴケで土のまわりを覆い、黒い糸で巻きつけ、はがれないように固定して完成。水やりは、水を張ったバケツに苔玉を入れてしっかり浸す方法で。

ナプキンは少し無造作な雰囲気にシワを寄せ、真ん中をふんわりとリングで結ぶとナチュラルな印象に。

真っ赤な野バラの実で季節の旬をテーブルに

おもてなしにもぴったりな、テーブルがぱっと明るくなる野バラの実のナプキンリングです。作り方は、①18番のワイヤー10cmの両側に黒いリボンを結ぶ。②リボンが取れないよう、フローラルテープでワイヤーとリボンを巻く。③野バラの実をフローラルテープでワイヤーに巻く。④ワイヤーを丸く変形させて小さなリング状にして完成。お食事後はお土産としてお持ち帰りいただいても喜ばれます。

＊ナプキンリングの作り方は穀雨のローズマリーの花冠リース(P.58)と同じです。

ハーブの蒸気を浴びるアロマフェイシャルスチーム

精油を熱湯に垂らし、立ち上る蒸気を吸入するフェイシャルスチームは手軽な精油の活用法。洗顔後、頭からバスタオルを被り、マグカップや洗面器に熱湯を注ぎ、精油を1～3滴垂らしたら、目を閉じゆっくりと蒸気を吸い込みます。その後、軽く顔を洗い、普段のお手入れを。美肌にはラベンダーやローズオットー、風邪にはユーカリラディアータやティーツリーがおすすめです。

＊精油の効用と使用上の注意はP.214～220を参照。

暮らしの手作り

・・・・・

色づいた葉や実が揺れる フライングリース

【十八】

霜降《そうこう》

ゆらゆらと揺れるフライングリースは眺めているだけで心穏やかになります。色づいた葉や実ものなど、家の中でも秋を感じられるよう。チェーンつきリースは、つるを丸めた土台に麻ひもをつけて吊るすなど、手作りも可能です。

ワイヤーで花材を巻くのが難しい場合は、グルーガンなどの接着剤で植物を土台に接着しても問題ありません。

花材は基本的にはドライフラワーに向いているものであれば何でも大丈夫ですが、直線的な枝のものより、多少動きのあるもののほうができ上がりに立体感が出て、より自然な雰囲気になります。

― 作り方 ―

1. 葉もの、花もの、実ものをバランスよく束ね、ワイヤーで土台に巻きつける。ワイヤーの端は最後に結ぶため長めに残す。

2. ワイヤーは花束の根元を巻く。土台の外側と内側が2：1になるように巻くとボリュームのあるリースができる。

3. カニクサやエアープランツウスネオイデスのような垂れ下がる花材も根元だけを巻く。

4. 巻き終わりが近づいたら、最初に巻いた花束を持ち上げながら巻きつける。

5. 巻き終わったらワイヤーを切り、はじめに残しておいたワイヤーとねじって留める。

6. リースを吊るし、垂れ下がる花材をほかの花材に引っかけて垂らし、さらに上に昇るようにチェーンに絡めてでき上がり。

― 材料 ―

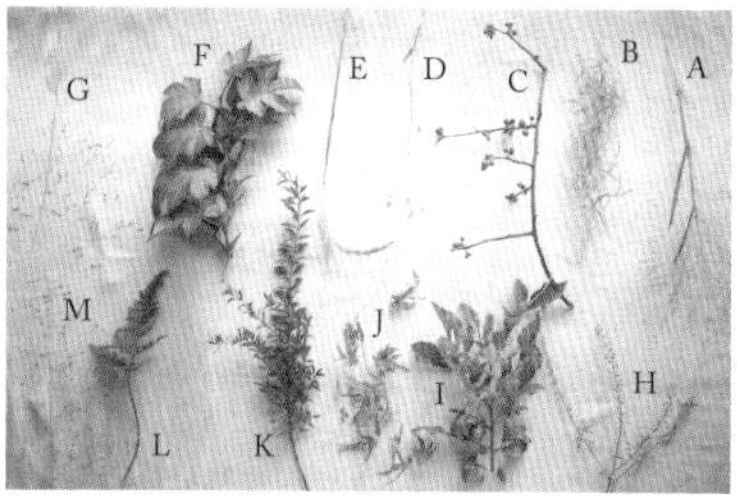

（直径20cmのリース）
＊本数は目安。花材の状態で適宜変える。

A スモークグラス…5本
B エアープランツウスネオイデス…1束
C ツルウメモドキ…1本
D ミシマサイコ…3本
E レッドフォックスペニセタム…5本
F 木イチゴ…3本
G パニカム（黒）…5本
H ナズナ（タラスピオファリム）…3本
I ロウヤガキ…2本
J カニクサ…4～5本
K ユキヤナギ…2～3本
L トキワシノブ…5本
M ミューレンベルギア…3本

［用意するもの］
リースワイヤ　23番、チェーンつきハンガー大（直径20cm）、花バサミ、ワイヤーカッター

［下準備］
土台となるチェーンつきハンガーにリースワイヤーをねじって留める。

遠くて高い空の下
山が白く覆われている
どうやって知るのだろう
あれが霧や雲ではなく
雪だということを

固く凍った大地
氷砂糖の月が冷たく光る

やがて雪は空を舞う
さらさらと風に誘われて
土にも混ざり　空気に溶ける
どこにもしがみつかず
ただ流れていく

冬

【十九】

立冬《りっとう》

十一月八日～十一月二十一日頃

冷たい木枯らしが吹きはじめ
陽射しも弱まり冬が近づく

魅惑的な香りを放つスイセン
その学名の由来は
ギリシャ神話の美少年

暦の上では冬のはじまりです。耳をかすめる風はいつしか冷たく、風になびく草木も寒々とした姿になってきました。

この頃になると野に咲く草花も少なくなってきますが、冬の間、私たちの目を楽しませてくれる植物にスイセンがあります。

スイセンはヒガンバナ科スイセン属、地中海沿岸原産。ヨーロッパ、アジア、中国を渡り、日本に入って野生化しました。現在、日本に多く自生しているのは、花が小さめで真ん中の王冠のような部分が黄色いニホンズイセン。一本の茎からたくさん花が咲くフサザキスイセンの変種とされています。

日本名の水仙《すいせん》は中国名を音読みしたもの。水辺のそばで咲いている清楚な姿やその香りを仙人に例えて名づけられました。

花びらのように見える部分は、外側三枚は萼、内側三枚が花弁。中心の黄色い王冠のようなところは副花冠《ふくかかん》と呼ばれ、花冠《かかん》（花びらの総称）や雄しべなどが変形してできたもの。ずいぶん変わった形態をしているのです。

スイセン属の学名はナルシサス（Narcissus）。この学名はギリシャ神話のナルキッソスという美少年の話が由来となっています。ナルキッソスは、他人への冷淡な態度から、自分しか愛せない呪いをかけられてしまいます。

ある日のこと、ナルキッソスは泉のほとりで水面に映った自分自身に恋をしました。恋い焦がれた彼はその場から離れられなくなり、ついに命を落としてしまいます。すると、彼がいた場所から見たこともない美しい花が咲きました。この花こそがスイセンであり、美少年の名前をとってナルシサスやナルシスなどと呼ば

【十九】

立冬《りっとう》

れるようになったのです。

美少年ナルキッソスのように凛とした姿を湛えるスイセンは、濃厚で妖艶な芳香を持っています。その香りに誘われて思わず顔を近づけてしまいますが、じつはスイセンは毒草なのです。花や葉、茎、根にいたるまで、アルカロイドという有毒成分を持っています。葉の形がニラと似ていることもあり、誤って摂取して食中毒になってしまう例が毎年ニュースになるほど。切り口を触るだけでも炎症を起こす場合があるので、小さな子どもやペットがいる家庭では、手が届かない場所に置くよう注意しましょう。

清純そうで小ぶりな花形ながらも、魅惑的な香りを漂わせ、毒性も併せ持つスイセン。それはほかの草花に容易に溶け込まない、独特な存在感を物語っている気がします。

この節の七十二候

初候　11月8日～11月12日頃

山茶始開

（つばきはじめてひらく）

ツバキの花に先立ち、サザンカの花が咲きはじめる頃

次候　11月13日～11月17日頃

地始凍

（ちはじめてこおる）

寒さは一段と厳しくなり、大地が冷たく凍りはじめる頃

末候　11月18日～11月21日頃

金盞香

（きんせんかさく）

華やかな香りと黄色い冠を持つスイセンが咲きはじめる頃

冷え性の人にうれしい
小豆カイロ

繰り返し使える健康アイテムとして注目を集める小豆の手作りカイロ。生の小豆は水分を多く含み、熱するとその水分が水蒸気になり、肌表面だけでなく体の中まで温めてくれます。作り方は、①コットンなどの布袋を用意し、小豆を入れる。②電子レンジに入れ、5〜10秒ごとに触って確かめ、好みの温かさにして完成。温め直しもできますが、自然のものなので小豆の水分が抜け切ったらおしまいです。

＊電子レンジで温めるときは豆が破裂しないよう、温めすぎに注意してください。

＊化学繊維は電子レンジで発火する危険があるため、布袋は綿か麻100%を使用してください。

一日の終わりをやさしくいたわる
アロマボディオイル

夜の時間が長くなる時季、アロマボディオイルで体をマッサージすると心地よい眠りにつけそう。作り方は、ホホバオイルやマカデミアナッツオイル30mℓに好みの精油6滴を入れるだけ。肌を滑らかにするのはフランキンセンス、ラベンダー、ネロリ、ローズオットー。肩こりにはローマンカモミールやスイートマジョラム、むくみにはジュニパーベリーやサイプレスを。消毒済みの遮光瓶に入れて2週間で使い切りましょう。

＊精油の効用と使用上の注意はP.214 〜 220を参照。

体の芯から温まる豆乳×カモミールの元気が出るお汁粉

タンパク質たっぷりの豆乳とドライハーブのカモミールを使ったお汁粉です。カモミールは胃腸を整え、心身の緊張をほぐしてくれます。作り方は、①お茶パックに入れたジャーマンカモミール小さじ1、豆乳180～200mℓを鍋に入れ、火にかける。②豆乳が煮立ったら中火で1分煮る。③半分に割ったしゃぶしゃぶ餅3枚をオーブントースターでぷっくりふくらむまで焼く。④ゆで小豆20g（1人分）、餅を器に入れ豆乳を注いで完成。

＊豆乳、ゆで小豆の量は、器の大きさや甘さの好みによって適宜調整してください。

＊ジャーマンカモミールには使用上の注意があります。詳しくはP.220を参照。

植物が少ない時季こそ明るく大きな花を一輪

寒い冬は気分もふさぎがち。そんなときこそ花の力を借りましょう。この時季に手に入るバラやダリアなど、大きな顔の花は、一輪あるだけで空間が華やぎます。マグカップのような背の低い器に活けるときは、花の頭をカップの縁に寄りかからせるのがコツ。茎を短めにすると、植物が水あげをしやすくなり、長持ちします。この方法は活けてから時間が経った花を活け直すときにも有効です。

暮らしの手作り

ブドウの枝と実ものの変形リース

立冬《りっとう》

枝を丸めて作るナチュラルなリースは、飾りたてない素朴さが魅力です。

植物は生花のときは水分を保持しているので、枝もしなりやすいという性質があります。細めの枝やつるは特に丸めやすく、リース土台にとても向いています。

このリースの土台は、くるくるとしたつるがあるブドウの枝。いびつに丸まった枝の美しさも見せたくて、植物は一カ所に集めました。

冬枯れの植物や実ものがリースの中で自然に絡み合う。その姿は、これからやってくる寒い季節に備え、肩を寄せ合っているかのようです。

― 材料 ―

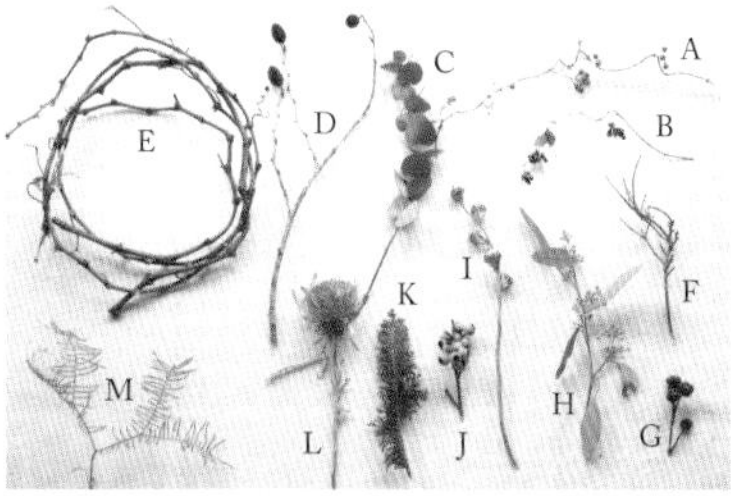

（約縦30×横25cmのリース１個分）
＊本数は目安。花材の状態で適宜変える。

A　ヘクソカズラ…２本
B　タンキリマメ…２本
C　ユーカリアップルボックス…２本
D　ヤシャブシ…１本
E　ブドウの枝…長さ60～70cmを２本
F　枯れ枝（何でもよい）…１枝
G　バラの実
　　アメイジングファンタジー…１本
H　ユーカリポポラスベリー…１本
I　ユーカリグロブルス…１本
J　ユーカリトレリアーナ…１本
K　クジャクヒバ…約10cmの葉先を４～５枚
L　ドライアンドラフォルモーサ…２本
M　シースターファーン…２本

［用意するもの］

リースワイヤー、花バサミ、ワイヤーカッター

― 作り方 ―

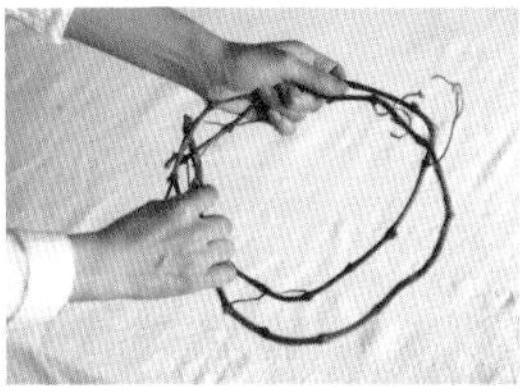

1. ブドウの枝をゆっくりしならせながら２重か３重に丸める。

2. 丸めた枝の一カ所をワイヤーで固定する。

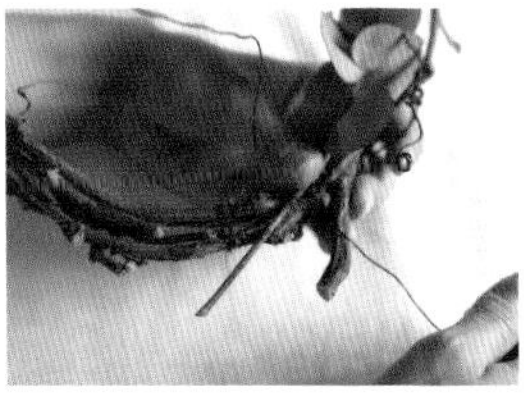

3. ワイヤーで固定した箇所に長めのグリーンや実ものを巻く。巻きつける位置はほぼ変えない。

4. ドライアンドラフォルモーサやユーカリトレリアーナなど、丈が短くボリュームのある花材を巻きつける。

5. クジャクヒバのようなもっさりとしている花材を巻きつけ、リースワイヤーが目立たないようにする。

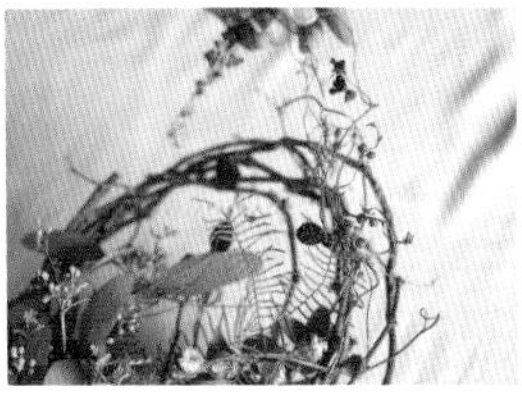

6. ワイヤーは裏面でねじって留めて切る。最後にヘクソカズラのつるを絡ませてでき上がり。

【二十】

小雪《しょうせつ》

十一月二十二日～十二月六日頃

木々の葉が落ちて日は短く
寒さの合間に小春日和も

赤や黄色に色づく紅葉は季節の移り変わりを知らせてくれる

陽射しは少しずつ弱くなってきました。寒さも日に日に深まり、北の国からは雪の便りがちらほらと聞こえてくる頃です。赤や黄色、橙と鮮やかに彩られた木立と、紅葉《こうよう》の絨毯が織りなす山なみは、古くから日本人の心をとらえて離しません。

紅葉には、葉が赤く変化する紅葉《こうよう》、黄色く変化する黄葉《おうよう》、橙に変化する褐葉《かつよう》の三つがあります。

もともと色づく前の植物の葉は青々とした緑色をしていますが、これは葉の中の葉緑素の色で、植物が生きていくために必要な光合成をしているからです。

じつは葉の中には、葉緑素の緑色と別に黄色の二つの色が入っていますが、緑の量が多いため、黄色は隠れて見えません。しかし、冬が近づいてくると太陽の光が弱くなり、光合成の効率が悪くなります。するとたくさんの葉に養分を行き渡らせ、光合成をするのが大変になった木は、葉は不要なものとみなし落葉させ、冬の間は必要最低限の力で生き抜こうとするのです。

葉の色が変わるのは、落葉の準備の一つ。まず、光合成をする必要のなくなった緑色の色素、葉緑素を壊します。すると緑がなくなった葉は、もう一つの色である黄色い色素が表に現れます。この変化が黄色い葉になる黄葉です。

一方、緑色を壊す際に、新しく赤い色を作る植物もあります。これが紅葉です。褐葉は、赤の色素とは別の成分によって葉が茶褐色に変わります。赤や黄色、橙に変化した鮮やかな葉は徐々に落葉し、寒い冬への準備に入るのです。

落葉した葉は、ドライフラワーや押し葉にして楽しむことがで

【二十】

小雪《しょうせつ》

きます。落ちて間もない葉であれば、しばらくは色を生かしてリースやガーランドに仕立て、インテリアとして飾るのも一つの方法。自宅で紅葉《もみじ》狩りをする気分です。

お手軽な方法は、色づいた落ち葉をつるのリース土台にグルーガンなどで貼りつける簡単リース。ガーランドにする場合は、落ち葉を何枚かまとめて小さな束にし、それをひもでつないでいきます。長くつなげずに窓辺に二、三本吊るしても素敵です。

装う葉の色を少しずつ変え、鮮やかに輝き、最後は枝から舞っていく。その姿は季節が進んでいることを教えてくれます。

この節の七十二候

初候　11月22日～11月26日頃

虹蔵不見

（にじかくれてみえず）

陽の光が徐々に弱くなり、虹が空にかからなくなる頃

次候　11月27日～12月1日頃

朔風払葉

（きたかぜこのはをはらう）

北風が草木の葉を払い、木々が寒そうな姿になる頃

末候　12月2日～12月6日頃

橘始黄

（たちばなはじめてきばむ）

橘をはじめとする柑橘類が黄色く色づきはじめる頃

スパイスたっぷりの
ホットワインで温かく

体がじんわり温まるホットワインは、冬の夜に飲みたい1杯。作り方は、①スターアニス1個、クローブ4個、ジュニパーベリー2個をそれぞれ砕き、シナモン2本は割る。②赤ワイン400mℓに❶のスパイスと、フェンネル小さじ1、スライスしたショウガ1片、グラニュー糖大さじ2を入れ、沸騰直前まで煮る。③火を止め、レモン果汁大さじ1を加えて完成。

枝から舞った紅葉を
押し葉に仕立てて
暮らしに迎え入れる

まるで植物標本のような押し葉のフレーム。赤、黄色、橙と色づいた葉には、虫喰い穴や絶妙なグラデーションがあり、1枚1枚の表情の豊かさに心を打たれます。押し葉の作り方は、①落ち葉をティッシュで挟み、新聞紙の間に挟む。②分厚い本の間に❶を挟み、重しをのせ、4〜5日で完成。落ち葉はなるべく落ちて間もない葉を選び、水分のあるうちに挟むときれいにできます。見つけた場所や月日、木の名前も書き添えておくと、オリジナルの植物標本に。

【二十】

小雪《しょうせつ》

アツアツ焼きリンゴと冷たいバニラアイスのとろけるハーモニー

スパイスがふわりと香り、口に入れればとろりととろける焼きリンゴ。作り方は、①リンゴの芯を貫通しないようにくり抜く。②常温に戻したバター10g、ラム酒小さじ$\frac{1}{4}$、砕いたクローブ3粒をよく混ぜ、リンゴのくり抜いた穴に詰め、シナモン$\frac{1}{2}$本を挿す。③200℃のオーブンで20～30分焼いて完成。アツアツの焼きリンゴは冷たいバニラアイスと相性抜群。焼きリンゴには、加熱することで甘みと風味が増す紅玉がベストです。

アロマの香りとともに手足の疲れを和らげるフット&ハンドバス

手足の疲れやむくみは放っておくとつらいもの。お風呂にゆっくり入れないときの手軽な方法がフットバスやハンドバスです。洗面器や桶に好みの温度のお湯を2ℓ入れ、精油を2～3滴垂らし、手や足を入れます。冷めたら熱い湯をつぎ足し、15分ほどそのままに。精油は、体液の循環を助けてくれるグレープフルーツやジュニパーベリーがおすすめです。

*精油の効用と使用上の注意はP.214～220を参照。

暮らしの手作り

木の葉と柑橘の
アロマワックスサシェ

【二十】

小雪《しょうせつ》

サシェはもともと香り袋や匂い袋として親しまれてきたもの。ヨーロッパでは香るハーブを、日本では香粉を小袋に入れ、クローゼットや洋服箪笥にしのばせていました。

防虫や消臭を兼ねたサシェは、インテリア小物としても飾られるようになり、ワックスのサシェも人気です。

アロマワックスサシェは、パラフィンとミツロウを溶かし、そこに精油を垂らして香りづけします。ドライフラワーなどを入れてデコレーションできるのも魅力です。紅葉の季節、木の葉や実もの、柑橘の皮などで彩り豊かな風景を描いてみませんか。

― 材料 ―

(30gのアロマワックスサシェ1個)

A 精油
(スイートオレンジ、グレープフルーツ、イランイラン、フランキンセンス、ホーウッド)

B 木の葉や枯れ枝、柑橘の皮、実ものなど好みの花材

C 精製ミツロウ…9g

D パラフィン…21g

[用意するもの]

容器(この作品では製菓用のシリコン容器 縦88×横53×高さ24㎜を使用)、耐熱容器、湯煎する鍋、リボン、ピンセット、ストロー

サシェは濃度が高めでないと香らないので、全体量に対して3～5%の精油濃度にするとよい。この作品では、スイートオレンジ、グレープフルーツ各6滴、イランイラン、ホーウッド、フランキンセンス各4滴。

― 作り方 ―

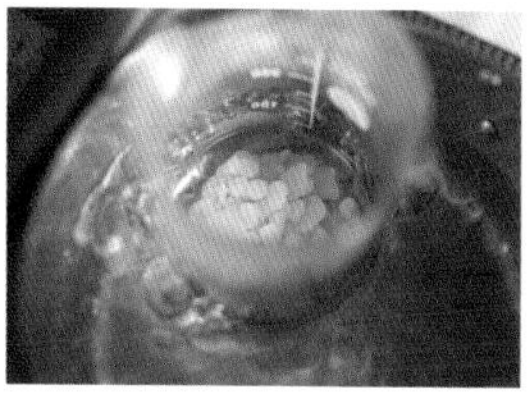

1. 鍋に湯を沸かし、耐熱容器に入れたパラフィンと精製ミツロウを溶けるまで湯煎する。

2. **1**のパラフィンと精製ミツロウが完全に溶けたら、湯から耐熱容器を出し、精油を合計24滴入れる。

3. 耐熱容器を揺らし、精油が全体に混ざったら、シリコン容器に流し込む。冷えると液が固まってくるので手早く行う。

4. 枯れ枝を容器の縁に寄りかからせて、それを支えにほかの花材をピンセットで配置する。細かな花材は立体的に挿し込む。

5. 上から7～8㎜の所にストローを刺し、リボンを通す穴をあける。一緒に固まらないよう、たまにくるくると回す。

6. 30分おいて完全に固まったらストローを外し、アロマサシェを容器から取り出す。リボンを通してでき上がり。

【二十一】

大雪《たいせつ》

十二月七日〜十二月二十一日頃

灰色の雲に覆われ山は雪深く
動物は冬ごもりをはじめる

気づけば早く訪れる夜。一段と冷え込む気温に外に出るのが億劫になりがちです。植物の色合いも寂しくなり、裸木の目立ちはじめた景色は見た目にも寒々しく感じます。

そんな寒さにも負けない植物の代表といえば針葉樹。とがった針のような葉は、表面から水分が蒸散しにくく、寒い季節にも元気な葉を茂らせています。

なかでも、小さな黒紫の実をつけるネズは、ヒノキ科ビャクシン属の針葉樹。中国や日本では、果実（球果《きゅうか》）は利尿や発汗を促す杜松実《としょうじつ》、または杜松子《としょうし》という名の生薬です。

ヨーロッパ原産のネズは、ジュニパーベリーまたはセイヨウトショウなどと呼ばれ、こちらも古くから抗菌、抗ウイルス、利尿作用のあるハーブやスパイスとして活用されてきました。スピリッツのジンの香りづけにされていることでも有名ですが、もともとはオランダの医師が熱病患者を救うために利尿剤であったネズの実とアルコールで薬酒を作ったことで広まったものです。

利尿、浄化作用にすぐれたハーブティーは、体の老廃物を出し、消化を促します。抗菌作用もあるため、スパイスは肉の臭みとりに。ホットワインのアクセントにもおすすめです。実の皮が固く、そのままだと成分が出にくいため、ハーブティーでもスパイスでもスプーンの背などで少しつぶしてから入れます。ただし、つぶしすぎるとえぐみが出すぎるので注意しましょう。

完熟して黒紫になった実からは精油も抽出されます。こちらも浄化、解毒作用があります。特に足のむくみの解消によいので、疲れた日の夜のセルフマッサージとしてもおすすめです。その場

【二十一】大雪《たいせつ》

冬でも元気な葉を茂らせる針葉樹
森林浴で癒されるのも
浄化作用の高い香りのおかげ

合は、必ずホホバオイルなどで一パーセント濃度になるように希釈して使用しましょう。

この浄化作用の高い成分は、ネズをはじめとする針葉樹から多く揮発される香りに含まれるもので、総称してフィトンチッドと呼ばれます。フィトンチッドは本来、植物が生きていくために、まわりの微生物の活動を抑制したり、殺したりするために揮発させているもの。私たち人間もこのフィトンチッドを嗅ぐことで脳が活性化されたり、癒されたりします。これこそが森林浴というわけなのです。

禁忌 ジュニパーベリーのハーブティーや精油は刺激が強いため、長期に渡り常用することは避けてください。また、腎臓に障害のある方は服用を避け、子宮を刺激する作用もあるため、妊娠中の使用も避けましょう。

この節の七十二候

初候 12月7日～12月11日頃

閉塞成冬

（そらさむくふゆとなる）

灰色の重たい雲が空をふさぎ、本格的な冬が訪れる頃

次候 12月12日～12月16日頃

熊蟄穴

（くまあなにこもる）

たくさんの脂肪をため込んだクマが冬ごもりをはじめる頃

末候 12月17日～12月21日頃

鱖魚群

（さけのうおむらがる）

サケが群れをなして自分の生まれた川に戻っていく頃

ふわふわで柔らかいパンパスグラスは冬のスワッグの女王様

雪をイメージさせるパンパスグラス。リビングの壁に飾れば、冬の気分がぐっと盛り上がります。作り方は、①ブルーアイスとユーカリ各3本、½の長さに分けたパンパスグラスをバランスよく束ねる。②ブルーアイスが少し隠れるように、脱色ゼンマイ葉、フランネルフラワーなど、好みの白い花材を重ねる。③束ねた部分を麻ひもで結び、壁に吊るす輪をつけて完成。ブルーアイスやユーカリの透き通る香りが心地よく、心が和みます。

ホワイトチョコの甘さにカルダモンの香りの魔法

カルダモンの香りが鼻に抜けるチョコレートは、1つ口に入れるだけで幸せな気持ちに。作り方は、①ホワイトチョコレート120gを湯煎にかけて溶かし、生クリーム30～40mℓ、カルダモンパウダー小さじ½を加え、よく混ぜる。②ラップの上に厚さ1cmに広げ、粉糖をふりかけて冷蔵庫へ。③固まったら1cm角に切り、全体に粉糖をまぶして完成。

＊ホワイトチョコレートの湯煎は温度が高すぎると分離するので45℃程度の温度で行うこと。
＊生クリームの量によって、でき上がりの固さが変わります。

【二十一】

大雪《たいせつ》

パンパスグラスの長い穂先は
そのまま飾ってインテリアに

パンパスグラスは背丈が２〜３ｍにもなる大きい植物。穂先の長さだけでも70〜80㎝近くになります。雄株と雌株があり、ふわふわした長い穂先があるのは雌株。アレンジメントをしなくてもそのままで存在感があるので、何本かまとめてざっくりと飾っても様になります。ドライになった穂先はパラパラと落ちることも少なく、色合いも変わりません。一年中飾っておけるので、お部屋のオブジェにも。

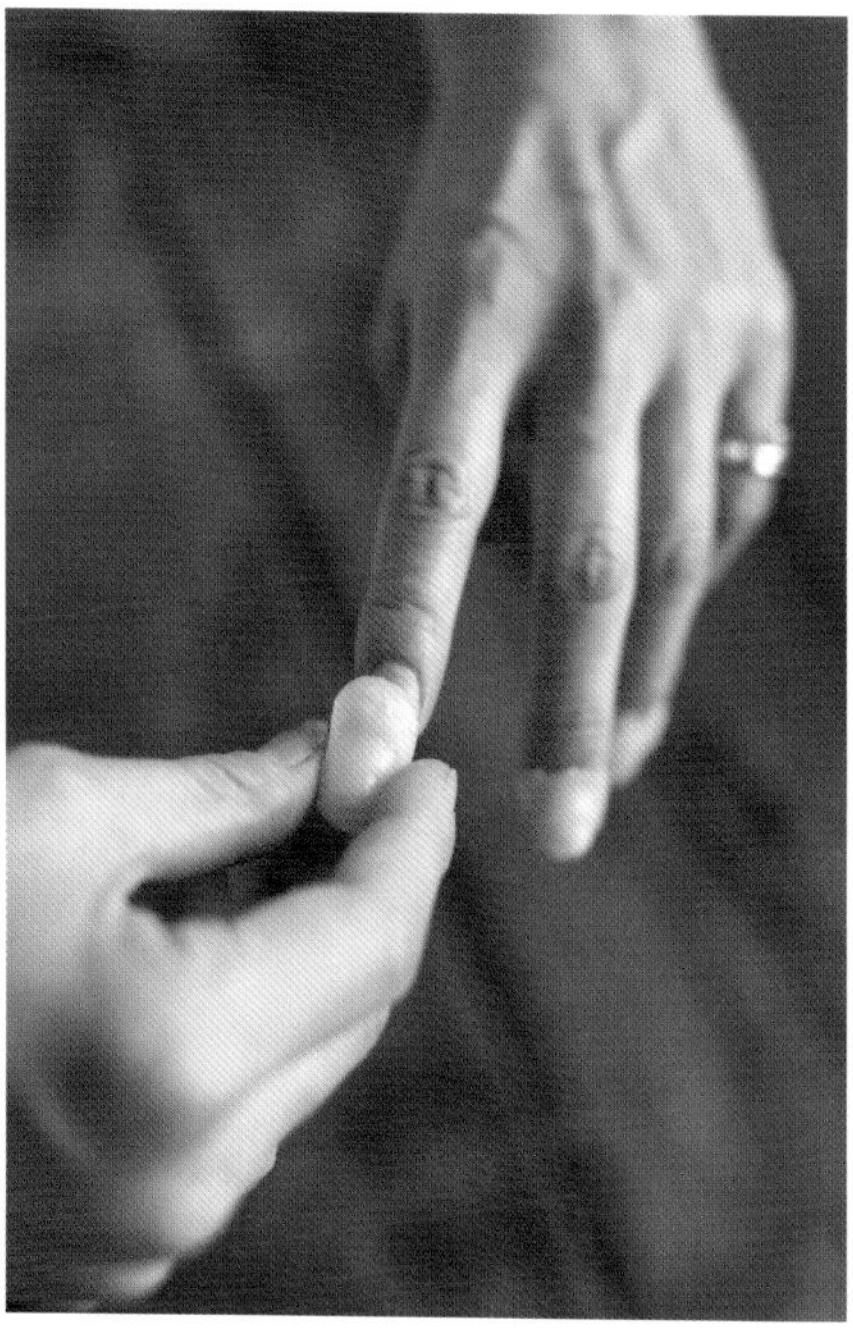

カサつく爪のトラブルは
オイル保湿のパックで解消

指先が荒れがちな季節、爪に栄養を与えるミツロウパックをスペシャルケアとして覚えておきたいもの。方法は、①耐熱容器にミツロウ30gを入れて湯煎し、溶かす。②マカデミアナッツオイル４mℓ、キャロットオイル１mℓ、ゼラニウム精油を２滴加え、42〜43℃の温度まで冷まし、クリーム状になるまで混ぜる。③ヘラなどで指先につけ、片方の手で指先全体を覆うようにくるむ。④５分経ったらパックを取り外す。液は再湯煎も可能ですが、雑菌が入るためその日のうちに処分しましょう。

＊熱いうちに触れるとやけどをするので注意してください。

暮らしの手作り

・・・・・・

雪色のテーブルリース

大雪《たいせつ》

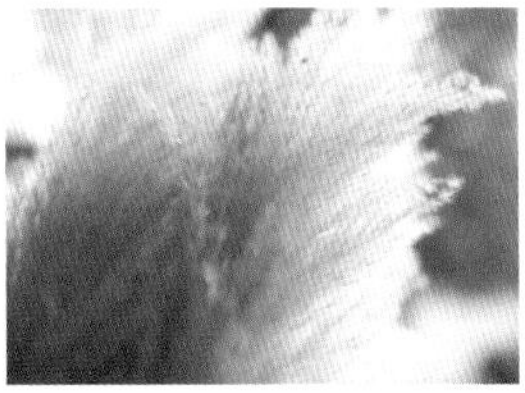

ふわふわのパンパスグラスを主役にした雪色のテーブルリースは、温かな料理を囲んでのホームパーティーにぴったり。センターに飾るだけで華やいだ雰囲気になります。

リースの土台には保水できるフローラルフォームを使っているので、生花も長持ち。壁に掛けたい場合は、ある程度全体がドライになってから飾りましょう。ドライになると、水分が抜けて隙間が目立つようになるので、ほかのドライ花材を足して補います。

窓から見える寒々しい景色に縮こまらず、この季節だからこそ楽しめる植物の形を愛でてみるのも粋なものです。

― 材料 ―

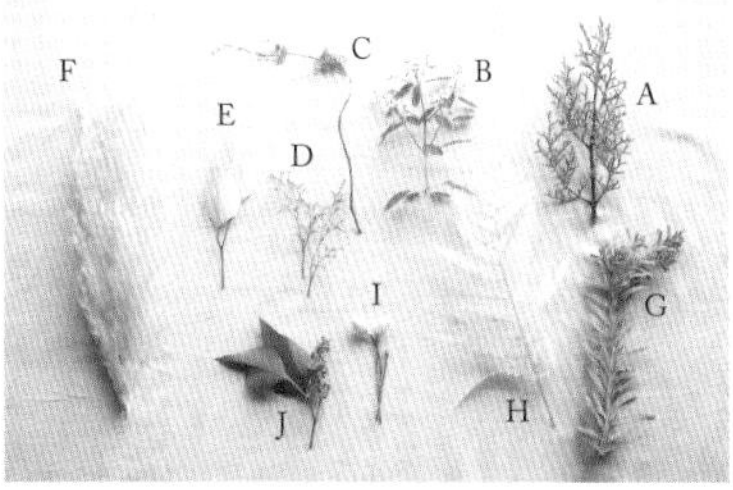

（直径30cmのリース）

＊本数は目安。花材の状態で適宜変える。

A　ブルーアイス（生花）… 3本
B　ユーフォルビア（生花）… 5～6本
C　ウンリュウヤナギ（生花）… 1本
D　スターチスブルーファンタジア（ドライ）… 2本
E　ユーカリポポラス（脱色、ドライ）… 3本
F　パンパスグラス（ドライ）… 1本
G　アカシアブルーブッシュ（生花）… 2本
H　ゼンマイ葉（脱色、ドライ）… 2本
I　エバーラスティング（ドライ）… 3本
J　ユーカリポポラスベリー（生花）… 3本

［用意するもの］

リング状フローラルフォーム（直径20cm）、フローラルテープ、花バサミ、カッター

［下準備］

フローラルフォームに吸水させ、カッターで面取りする。内側、外側とも行う。

パンパスグラスを5～7cmに小分けし、根元をテープで巻く。エバーラスティングも2～3本まとめて同様に。

― 作り方 ―

1. ブルーアイスをフローラルフォームの外側と内側両方に3cmおきに挿す。一周するまで同じ方向に挿す。

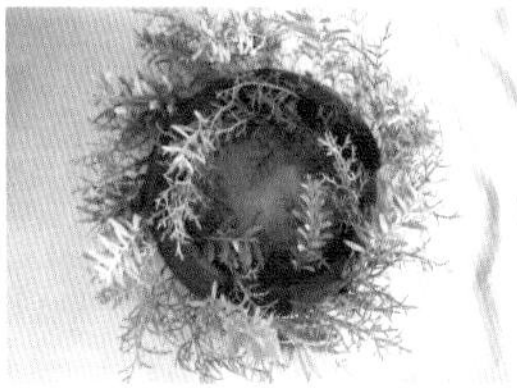

2. アカシアブルーブッシュをブルーアイスの間を埋めるように挿す。

3. 小分けしたパンパスグラスを、ブルーアイスとアカシアブルーブッシュの隙間を埋めるように挿す。

4. ユーカリポポラスベリー、ユーフォルビアをパンパスグラスに埋もれないよう、少し高さを出しながら隙間に挿す。

5. エバーラスティングとスターチスブルーファンタジアを隙間に挿し、ゼンマイ葉、ユーカリポポラスを立体的に挿す。

6. 最後にウンリュウヤナギをゼンマイ葉の流れに沿うように挿して完成。

【二十二】

冬至《とうじ》

十二月二十二日～一月五日頃

一年でもっとも夜が長くなり
しんと冷えた空気が張り詰める

ユズ湯で温まり
精油でリフレッシュ
日本人に愛される柑橘類

冬至の初日は一年でもっとも夜の時間が長い日です。寒さの本番はこれから。冬の季節はまだまだ続くと感じる時季でもありますが、この初日を境に少しずつ昼の時間が伸びると思うと、寒い冬の次には必ず春が来るということを思い出させてくれます。

冬至には、厄払いのためユズ湯に入ったり、縁起を担ぐためにカボチャを食べたりする習慣が有名です。特に、明るい黄色のユズが爽やかな香りを漂わせながら湯ぶねに浮いている様子は、見るだけでわくわくします。

ユズはミカン科ミカン属。飛鳥、奈良時代とかなり古い時期に中国から日本へ渡ってきたと考えられています。柑橘類は暖かい地域で生息する植物ですが、ユズは耐寒性が強く、病気にもなりにくいため、日本の風土に合った柑橘類です。

生薬としては橙子皮《とうしひ》と呼ばれ、血行促進、加温、抗菌、消炎などの作用があります。冬至のユズ湯はまさにこの効果を利用した薬湯。血行が促進され体が温まり、消炎作用から肌のトラブルも落ち着かせます。刺激が強いため、入れる量は少量に、直接肌にこすりつけることは避けて。肌が弱い方は足湯などにとどめましょう。

ユズの精油は、ほのかな苦みがある酸味が特徴で、和精油として海外でも人気。頭をクリアに、空気をきれいにしてくれるユズの精油はリフレッシュしたいときにうってつけです。

柑橘類の精油の多くは、果皮に強い圧力をかけて精油を抽出する圧搾《あっさく》法で採られています。この圧搾法による精油には、その成分が付着したまま紫外線の光を受けるとシミなどが生じる光毒性

【二十二】

冬至

とうじ

成分が入っている場合があります。陽に当たらなければ問題ない成分ですが、気になる方は光毒性成分を含まない水蒸気蒸留法で抽出された精油もあるので探してみてください。

日本では、ユズポン酢、ユズ茶、ユズジャム、ゆべしなど、多くのユズ製品が出まわっており、ユズがいかに日本人に愛されているかがうかがえます。その中の一つ、九州発祥のユズ胡椒は、ユズに唐辛子を混ぜた万能調味料。熟したユズも熟す前の青いユズも使われていますが、特に青いユズと青唐辛子の組み合わせは、一段と爽やかな香りがします。

寒い時季は温かな鍋料理が恋しくなります。おすすめは手羽先でしっかりとった出汁でいただく鶏肉と野菜の鍋。味の決め手は少しの塩とユズ胡椒です。熟したユズを切って添えれば、青ユズと黄ユズ、その両方が味わえることに。めぐる季節を感じながらの食事の時間は、暮らしを豊かにしてくれます。

この節の七十二候

初候 12月22日〜12月26日頃

乃東生

(なつかれくさしょうず)

夏枯草《かごそう》と呼ばれる薬草のウツボグサが芽を出す頃

次候 12月27日〜12月31日頃

麋角解

(さわしかのつのおつる)

春の生え変わりに向け、ヘラジカなどのシカの角が落ちる頃

末候 1月1日〜1月5日頃

雪下出麦

(ゆきわたりてむぎのびる)

降り積もった冷たい雪の下で麦の芽が芽吹きはじめる頃

柔らかな半紙で包む和風花束のラッピング

菊や松、スイセンや葉ボタンなどを入れた和風の花束はやさしげで風情があります。この趣を生かすラッピングとして思いついたのが、書道の半紙。花束を結ぶのもリボンに替えて水引を使えば、一気におめでたい雰囲気に。プレゼントにも向いています。半紙は柔らかいので、3枚ほど重ねて、ふんわりとくるむのがコツ。半紙の角を上にして包むと形よく決まります。きつく包むと半紙にシワが寄ってしまうので気をつけて。

保湿成分たっぷりユズの種で作るジェル

ユズに含まれるペクチンは、水分をぷるぷるにゲル化させる成分。種にも含まれているので、種を使って保湿用のジェルが作れます。作り方は、①煮沸消毒済みの瓶にユズの種と、3倍の量のウォッカを入れる。②冷暗所で保管し、1日1回瓶を振り、1週間後に種を濾して完成。でき上がったジェルは精製水で5～10倍に薄めて化粧水として使えばふっくら肌に。ジェルは冷蔵庫保管で2週間、化粧水は1週間以内に使い切りましょう。

＊日本酒や焼酎などのほかのアルコールでもできますが、アルコール度数が低くなると腐敗が早まります。

風邪予防に常備したい ユズとハーブのコーディアル

コーディアルとは、心臓によいとされる食品をアルコールに漬け込んだ滋養強壮薬。アルコールではなく、砂糖水などのシロップにハーブの薬効を抽出させたものはハーブコーディアルと呼びます。作り方は、①ユズ1個は皮をむき、果汁を絞る。②鍋に水300mℓ、砂糖200gを入れ、火にかける。③砂糖が溶けたら、ドライエルダーフラワー10g、せん切りのショウガ1片、ユズの皮、砕いたクローブ10個を入れ、かき混ぜながら10～12分煮込み、黄土色になったら火を止め、❶のユズの果汁を入れる。④ボウルにざるとふきんを重ね、液を濾し、煮沸をしたガラス瓶に入れて完成。冷蔵庫で保管し、1～2週間で使い切りましょう。

柔らか風味の 丸ごとユズのジャム

ユズの皮と果肉、種のペクチンを使えば、丸ごとユズのジャムができます。作り方は、①ユズ200gは皮と果肉を分ける。皮は白い筋とわたを除いてせん切りにし、2～3回ゆでこぼしする。②果肉は種を取り、フードプロセッサーか包丁で細かくする。③皮と果肉を合わせ、その半量の砂糖を用意。④鍋に❸とお茶パックに入れた種、ドライのエルダーフラワー5gを入れ、煮詰めて完成。

暮らしの手作り

・・・・・

年神様を
お迎えする
しめ飾り

お正月に年神様を迎えるためのしめ飾りは、家内安全や厄除けのためのもの。今ではデザインも豊富ですが、自分で作ったしめ飾りならさらによい年を迎えられそうです。

お正月の準備に取りかかる正月事始めは十二月十三日。しめ飾りを飾るのはこれ以降ですが、現在はクリスマス後に飾る方が多いよう。その場合は十二月二十八日までに飾るようにしましょう。

八がつく日は末広がりで縁起がよく、飾るのにふさわしいといわれています。逆に、二十九日は二重苦、三十一日は一夜飾りとされ、飾るのには向いていない日といわれているようです。

— 材料 —

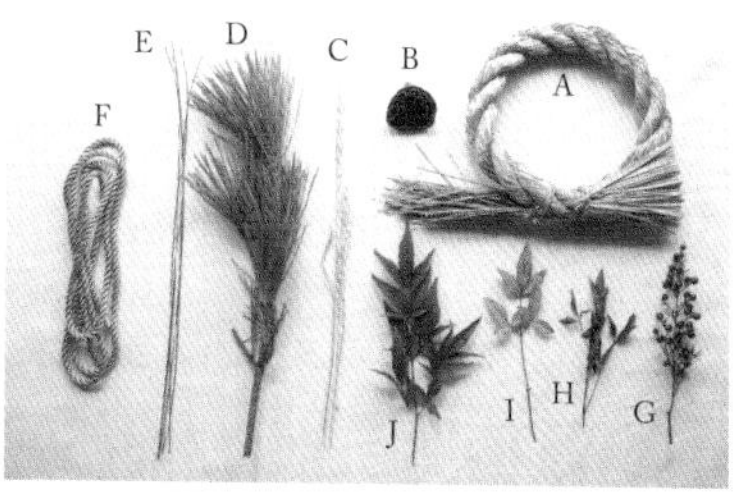

（約縦50×横20cmのしめ飾り1個分）
＊本数は目安。花材の状態で適宜変える。

A　しめ縄（直径20cm）… 1個
B　ハスの実… 2個
C　イネ…50本
D　マツ… 3～4本
E　水引（紅・白）…各20本
F　ロイヤルコード（金、6mm幅）… 2m
G　ナンテンの実… 3本
H　ナンテンの葉（紅葉）… 2枚
I　ナンテンの葉（黄葉）… 2枚
J　ナンテンの葉（緑）… 2枚

［用意するもの］
リースワイヤー、ワイヤー26番（茶）を1本

— 作り方 —

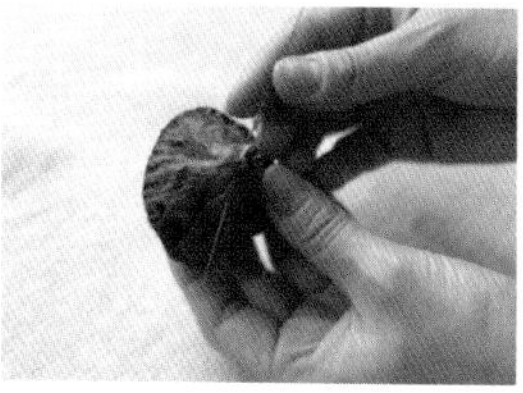

1. ハスの実にワイヤー26番を通す。

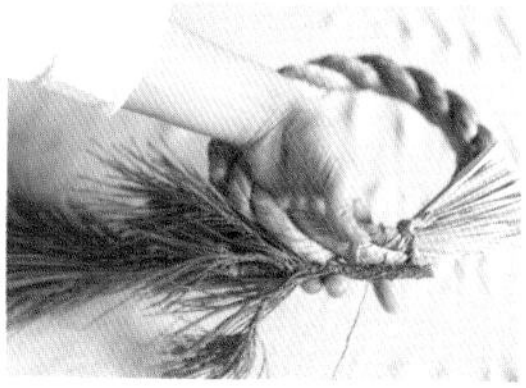

2. マツをワイヤーでしめ縄に巻きつける。

3. イネをワイヤーでしめ縄に巻きつける。正面から見たときに穂がきれいに見えるよう高低差をつける。

4. 水引、ナンテンの葉、ナンテンの実の順で巻きつける。ワイヤーは裏面でねじって留めて切る。

5. ナンテンの実の根元あたりに、**1**のハスの実を巻きつける。

6. ワイヤーで巻いた部分を隠すようにロイヤルコードを隙間なく巻き、吊るすための輪をつけてでき上がり。

【二十三】

小寒《しょうかん》

一月六日～一月十九日頃

寒の入りを迎え、地表が凍る
北風と降雪でさらに冷え込む

お正月明けのこの時季、一月七日には中国から伝わった五節句の一つ、人日《じんじつ》の節句があります。七草がゆを食べ、無病息災を願う。古くから続くこの風習は有名です。

まだ雪深い季節、食料は乏しかったことでしょう。そんな時季に芽吹いた野草を摘みに行くことを若菜摘みといったそう。厳しい寒さに耐え、萌え出る七草の若葉は当時の人々にとって春への希望だったのかもしれません。

芹《せり》、薺《なずな》、御形《ごぎょう》、繁縷《はこべら》、仏《ほとけ》の座《ざ》、菘《すずな》、蘿蔔《すずしろ》、これぞ七草

春の七草を詠んだ有名な歌です。御形はハハコグサ、繁縷はハコベ、仏の座はコオニタビラコ、菘はカブ、蘿蔔はダイコン。

芹は現在でもスーパーで栽培種が売られているのでなじみがあります。ビタミン類も多く、栄養価の高い野草です。

薺はおなじみのペンペン草の若葉です。地面にへばりつくように広がった柔らかな若葉を食します。

御形はあまりなじみがないですが、現在はヨモギで作られている草餅は、かつては御形で作られていたそう。

七草は若葉の時季にだけ採取しますが、繁縷は草質が比較的柔らかく、春過ぎまで採取できる食用の野草とされていました。

仏の座は、春先に小さなピンク色の花を咲かせるシソ科のホトケノザとは別ものです。若干混乱してしまいますが、タンポポの葉に似ており、黄色い小さな花を咲かせます。

菘はいわゆるカブ、そして蘿蔔はダイコンです。七草とはいい

【二十三】

小寒《しょうかん》

厳しい寒さに耐え
萌え出る七草の若葉は
次なる季節への希望

ますが、この二つは野菜です。この二つが入るだけで七草のおいしさはだいぶ違ったのかもしれません。

私の自宅の裏庭では毎年ハコベがよく育ちます。七草がゆに入っているものを食べているときはあまり味を気にしたことがなかったのですが、単品で食べてみると、まさに野草という草っぽさ。わずかに鼻に抜ける土の香りが心地よく感じました。

湯がいてお浸しにしたり、生のまま煮物に添えたり、和食とはやはり相性がよいようです。私はあんことの組み合わせがお気に入りで、お汁粉などに生のハコベを二、三本添えます。赤茶色のあんこに、柔らかな葉の若草色が映えます。小さな白い花が咲いていたら言うことなし。七草摘みをした古代の人々も、健気な七草の姿を見て心が和んだのかもしれません。

この節の七十二候

初候　1月6日〜1月10日頃

芹乃栄

（せりすなわちさかう）

昔から食材として親しまれる春の七草のセリが旬の頃

次候　1月11日〜1月15日頃

水泉動

（しみずあたたかをふくむ）

外は真冬でも地中では春の兆しを感じ氷が溶けはじめる頃

末候　1月16日〜1月19日頃

雉始雊

（きじはじめてなく）

雉のオスが求愛のためケーンケーンと鳴きはじめる頃

門松風のアレンジで新年を祝うしつらいに

お正月気分の１月初旬。おもてなしのテーブルにこんな門松風のフラワーアレンジはいかがでしょう。松や南天など和の植物を小さな竹の器に伸びやかに。背の低いアレンジメントは視界を妨げないのもうれしい点。左右を対に作れば、門松のように並べて飾ることもでき、玄関やリビングなどで、お客さまをお迎えする正月飾りに。かしこまった飾りでなくても、新しい年を祝う気持ちが伝わります。

寒い季節の冷えを解消してくれる精油

冬場に特に気になるのが体の冷え。一度冷えてしまうとなかなか戻らないという方も多いようです。原因の一つは血のめぐりの悪さ。血行をよくし、体を温める精油には、スイートマジョラム、ローズマリー、スイートオレンジ、ベルガモットなどがあります。日頃から予防として使うのが理想。アロマバスソルトやフットバス、トリートメントなどで取り入れてみましょう。

＊精油の効用と使用上の注意はP.214～220を参照。

お正月のお年賀は松と南天のミニ花束と紅白の水引で

新年のご挨拶に持っていくお年賀。のし紙が必要な場合もありますが、親しい間柄であれば、植物で飾りをつけてみましょう。作り方は、①半紙で箱を包み、テープで留める。②松と南天の実で小さな花束を作り、細い糸で束ね、半紙の中央に置く。③水引を中央に巻き、植物を１巻きして完成。植物も水引も赤い色が入ると一段とお正月らしくなります。

直射日光と湿気に気をつけて保管すれば、色もあまり変わらずドライフラワーになるので普段の食卓にも。

小さな植物を活用してハレの日の箸置きを

しめ飾りやアレンジメントの残り花材で箸置きが作れます。赤い南天の実と松の箸置きは、お正月らしさを盛り上げて、料理も一層おいしそうに見えること間違いなし。作り方は、①残り花材をまとめて輪ゴムで留める。②留めた部分を隠すように半紙でくるみ、糸を巻いて完成。金色の糸は、しめ飾り（P.192）に使ったひもをほどき、糸状にしたものです。余り素材が素敵によみがえります。

暮らしの手作り

レモングラスと
鶏手羽先のおかゆ

【二十三】

小寒《しょうかん》

お正月明けのこの時季は年末年始の疲れが一気に出やすい頃。じっくりと煮込んだ鶏手羽とレモングラスのおかゆで胃腸をやさしくいたわりましょう。滋養強壮や美容に効果が期待できるうれしい栄養がぎっしりです。

彩りには白ゴマや穂ジソ、ユズの皮などでも美しく、おいしくいただけます。ここに七草を加えれば、立派な七草がゆになります。

時間がないときは、だし汁に冷やごはんを入れて煮るのもお手軽です。煮る時間はコクを左右するので、少し味気なさを感じるときは調味料で濃さを調整しましょう。

― 材料 ―

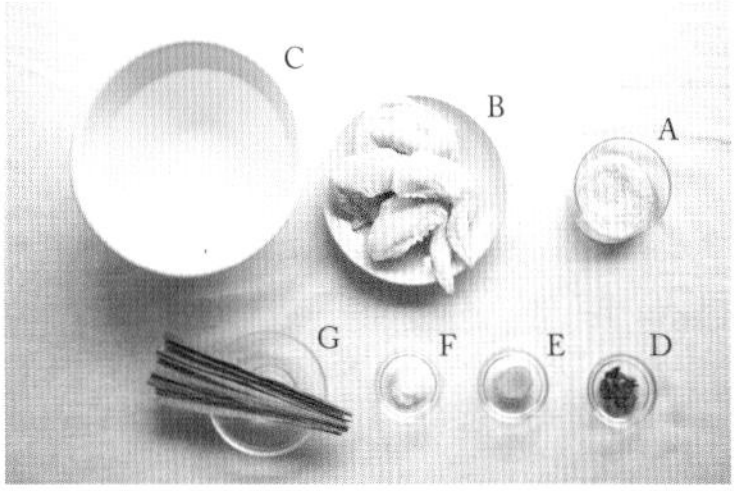

（２人分）

A 米…50g
B 鶏手羽先…４本
C 水…600㎖
D クコの実…12個
E ショウガ…１片
F 塩…小さじ½
G レモングラス…10本（生。ドライでも可。ハーブティーを使用する場合は大さじ１）

＊レモングラスと塩の分量はお好みで調整する。

［下準備］

米は洗って水を切っておく。

レモングラスは長さ３～４㎝に切る。

ショウガはせん切りにする。

お好みで、菊の花びら、ハコベ、ラディッシュの薄切り（すべて分量外）を添える。

＊菊には使用上の注意があります。詳しくはP.220を参照。

― 作り方 ―

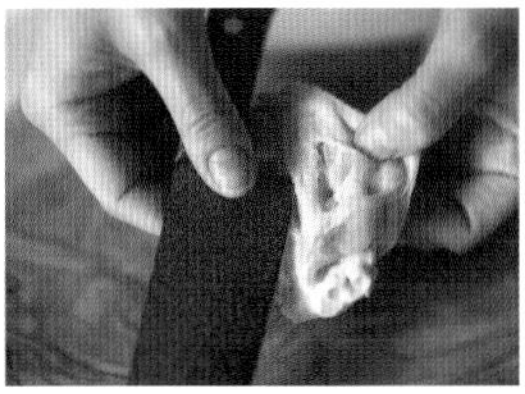

1. だしがよく出るよう、鶏手羽先の裏面の骨の脇に二カ所切り込みを入れる。

2. 鶏手羽先を２つに分ける。

3. 鍋に米と塩以外の材料をすべて入れる。

4. 鍋を中火にかけ、沸騰させる（沸騰するまでふたをしておく）。

5. 沸騰したら米を入れて全体をさっと混ぜる。ふたをして弱火で35～40分煮る。

6. 塩を入れて味を調える。レモングラスは口に入ると固いので、器に盛るときは飾り用以外は取り除く。

【二十四】

大寒《だいかん》

一月二十日〜二月三日頃

冷気が極まり、氷が厚く張る
雪の下では蕗が芽を出す

昼の気温もあまり上がらず、冷え込みが厳しい冬の最中。大寒は春からはじまる二十四節気の締めくくりの節です。

咲く花も少ない時季ですが、冬の間にも目を楽しませてくれる植物にパンジーやビオラがあります。色とりどりの花色は目にも鮮やかで、寂しい冬の景色を彩ります。

パンジーはスミレ科スミレ属。ヨーロッパに自生していた野生のスミレを品種改良した園芸品種です。大輪のものは花の大きさが十センチに及ぶこともあります。その中でも小型の品種をビオラと呼んでいましたが、交雑が進み、判断が難しくなっています。真冬の寒さにあたっても活動を再生する力があるくらい丈夫なので、初心者の方でも育てやすい植物です。

園芸用としての扱いが多かったパンジーですが、花束にもできる茎の長い品種も増え、エディブルフラワーとして無農薬栽培されたものも出まわり、多種多様に楽しめるようになりました。

パンジーの原種であるスミレは世界各国に自生している野草で四百種ほどあるといわれています。花は二センチくらい、背丈は十センチにも満たない小さな野草です。

日本原産のスミレも多くあり、山間部から都会の道ばたまで多くの場所で出会うことができます。スミレの花と若葉は山菜としても使われており、江戸時代の料理本にはすでに干してから和え物などに使っていたという記載も。ひっそりと道の片隅に咲くスミレは、園芸種のパンジーやビオラに比べると華やかさには欠けますが、どこか日本的で素朴な風情に心が癒されます。

パンジー、ビオラそしてスミレ(注一)は、いずれもエディブルフラワ

【二十四】

大寒《だいかん》

パンジーにビオラ
色とりどりの花びらが
ひと足先に春を連れてくる

ーとして活用されています。比較的手に入りやすく、味の抵抗も少ないため、はじめて料理に使いたいという方でも取り入れやすい種類です。花径の大きなパンジーは、丸ごと飾ると花が目立ちすぎてファンシーですが、花びらを一枚一枚とって散らすと自然な華やぎに。また、ざるなどに並べて乾かし、わざとくしゃくしゃにしたドライフラワーは、焼き菓子に添えればアンティークな雰囲気に。標本のような押し花を使ったクッキーは佇まいがとても素敵です。ゼリーや花氷には可愛らしい小さなビオラやスミレを閉じ込めたりもできます。

　鮮やかな色合いの花びらでおめかしをした料理は、食卓にひと足先に春を連れてきてくれるようです。

（注1）ニオイスミレは、根と種子に有毒成分を含むため注意してください。

この節の七十二候

初候　1月20日〜1月24日頃

欵冬華
（ふきのはなさく）

雪の下からフキノトウが顔をのぞかせはじめる頃

次候　1月25日〜1月29日頃

水沢腹堅
（さわみずこおりつめる）

厳しい寒さに沢を流れる水さえも凍りつめる厳冬の頃

末候　1月30日〜2月3日頃

雞始乳
（にわとりはじめてとやにつく）

春の気配を感じたニワトリが卵を産みはじめる頃

毎朝の習慣にしたい ショウガ豆乳甘酒

寒い朝に一口飲めば、心も体も穏やかになれるショウガ豆乳甘酒は、簡単に作れるうえ、栄養もたっぷり。タンパク質、ビタミン類、イソフラボンなどを含む豆乳、飲む点滴ともいわれる甘酒、そしてショウガの辛み成分は冷え性にも。作り方は、豆乳120mℓ、甘酒120mℓにすりおろしたショウガ小さじ1弱を入れて温めるだけ。豆乳と甘酒は1：1がおいしいバランスですが、お好みで調整して。

パンジーだけを集めた 春を待ち望む花束

一つひとつ異なる色合いとフリルが可愛らしいパンジーは、それだけで華やかな花束に。茎が繊細なため、握りすぎないようやさしく束ねるのがコツ。花があちらこちらに向いているので、なるべく同じ方向にならないように束ねます。ピッチャーなどに活けるときは、少し斜めに傾けるとほどよい空気感が。こまめに切り戻しをすれば、小さな蕾も次々と咲き、違う表情を見せてくれます。

抗菌作用のある精油を上手に取り入れて風邪やウイルス対策を

インフルエンザや風邪の流行る季節は、抗菌作用のあるティーツリーやラヴィンツァラ、ユーカリラディアータなどの精油を暮らしに取り入れてみましょう。テーブルやマスクなどにひと吹きする場合は、アロマスプレーが便利。部屋全体の空気をきれいにしたい場合は、超音波やランプなどで香りを拡散し続けるディフューザーがおすすめです。

＊作り方は、芒種のアロマスプレー(P.83)を参照。
＊精油の効用と使用上の注意はP.214 〜 220を参照。

エディブルフラワーはドライにして焼き菓子やクッキーに

生花だけでなく、ドライにしても楽しめるエディブルフラワー。押し花にしたり、自然乾燥でくしゃっとさせたり。そのどちらもクッキーや焼き菓子に向いています。特にアイシングクッキーとの相性は抜群。焼き上がった後のアイシングの上に花びらを散らすと花色が際立ちます。着色料を使わず鮮やかな色が出せるので、子どものおやつにも安心です。

写真右から、自然乾燥させたもの、押し花にしたもの、生花。

暮らしの手作り

野草とエディブルフラワーの二色ピザ

もっとも寒い大寒の時季は、野草や山菜の芽吹きがはじまる頃でもあります。野草やエディブルフラワーを使って、ひと足先に春を感じる華やかな二色のピザを作りましょう。

フキノトウをはじめとした季節の野草には、苦みの強いものが多くありますが、この苦みは体の毒素を流す手伝いをしてくれます。菜の花やタラの芽などもおすすめです。

エディブルフラワーの中でも、マリーゴールドやカレンデュラなど花頭の大きなもの、花びらが固そうなものは、花びらだけを取って使うとえぐみを感じにくくなります。

ビオラなどの小花はえぐみも少ないので、二、三個アクセントに花ごと置いても可愛らしく華やかさが増します。

― 材料 ―

（直径17cm 2枚分）

A　ココミ…５本
B　フキノトウ…３個
C　パルミジャーノレジャーノ…適量
D　モッツァレラ…50g
E　ゴルゴンゾーラ…20g
F　カマンベール…50g
G　エディブルフラワー…お好みのもの
H　ピザソース…40～50g
I　ピザ用シュレッドチーズ…50g
J　ピザクラスト生地…２枚（直径17cm）

［下準備］

フキノトウとコゴミはよく洗い、泥や汚れを落とし、根元の固い部分を切る。

エディブルフラワーとは食用花、つまり、edible ―食べられる花のことです。園芸店で売っている花は、きれいに見せる、ということが一番の目的。多くの農薬を使っている可能性があるので食用にすることはできません。エディブルフラワーは品種が特別なわけではなく、毒がない種類の花を無農薬または食用として使用できる薬のみで栽培しているものです。

＊マリーゴールド、カレンデュラはキク科のため、キク科アレルギーの方は使用を避けてください。

― 作り方 ―

1. 鍋に湯を沸かし、塩小さじ１（分量外）を入れ、フキノトウを加えて３～５分ゆで、すぐに冷水に放つ。ココミも同様に。

2. **1**の水気を絞る。フキノトウは細かく刻み、ココミは２cmの長さに切り、それぞれ半量を１枚のピザにのせる。

3. **2**のピザにチーズ３種を手でちぎりながらのせ、パルミジャーノレジャーノを削りながら好みの量をふりかける。

4. もう１つのピザにピザソースを塗り、残りのフキノトウとココミをのせる。

5. **4**のピザにシュレッドチーズをのせる。**3**と**5**のピザを230～250℃に予熱したオーブンに入れ、５～６分焼く。

6. 焼き上がったらエディブルフラワーを散らしてでき上がり。

暦と季節の話

太陰太陽暦と太陽暦

現在私たちが目にしている暦は、地球が太陽を一周する周期を基準とした太陽暦《たいようれき》です。

本来地球が太陽の周りを回っているのですが、地球から見ると、太陽が地球の周りを回っているように見えます。季節のめぐりは、地球から見た太陽の高さが大きく関わっているので、太陽を基準とした太陽暦では、季節と暦はほとんど同じように進みます。それでも完全に一致しているわけではないので、四年に一回の閏年《うるうどし》で二月二十九日の閏日《うるうび》を設けることで、そのずれを解消しています。

一方、旧暦と呼ばれる暦は太陰太陽暦《たいいんたいようれき》です。太陰とは月のこと。この暦では毎月一日は新月の日であり、次の新月になるまでの月の満ち欠けの周期、約二十九～三十日を一か月としていました。しかし、それを繰り返していくと、太陽とともに進む季節と暦がずれてきてしまい、約三年で一か月ほど差が出てしまいます。そのため、太陰太陽暦の時代は約三年に一度閏月《うるうづき》を入れ、一年を十三か月にすることで季節とのずれを解消していました。

日本では、明治五（一八七二）年十一月に改暦の布告が出され、明治五年十二月二日の翌日を明治六（一八七三）年一月一日に設定し、旧暦から現在の暦へと改暦されました。改暦後も、中秋の名月など、旧暦時代に大切にされ、今に残る習慣もあります。

二十四節気

季節を表す言葉として知られる二十四節気。そのはじまりは紀元前七世紀頃、中国の華北で生まれたといわれています。

農耕や狩猟で生きていた古代の人々にとって、季節を知ることはとても重要でしたが、当時の暦、太陰太陽暦では季節をうまく判断できません。そこで、太陽の動きに合わせて季節を区分し、名前をつけることを考えました。これが二十四節気です。その名前は、清らかで明るい世界を意味する「清明」や、冷たく結ばれる露の「寒露」など、四季折々の自然の情景を漢字二文字で表しています。

季節の区分は、まず春夏秋冬の四つからはじまります。一年を通じて太陽の位置がもっとも高くなり、昼の時間がもっとも長くなる夏至、太陽の位置がもっとも低くなり、昼の時間がもっとも短くなる冬至、昼と夜の長さがほとんど同じになる春分と秋分。この四つが春夏秋冬の真ん中で、二つの至と分で二至二分または二分《にぶん》二至《にし》と呼ばれています。二至《にし》二分の間をさらに分割したのが、立春、立夏、立秋、立冬。この四つが季節のはじまりとなる四立《しりゅう》です。二至二分と四立を合わせて八節《はっせつ》といい、重要な季節の節目になります。八節の間をさらに三分割し、全部で二十四等分したものが二十四節気です。

七十二候

二十四節気の一つの節をさらに三つに分け、一つの四季に十八の候、一年で七十二の候に分けて作られたのが七十二候です。こちらも二十四節気と同じく、中国の華北で生まれました。七十二候の一つの候は約五日間。二十四節気に比べると、気候だけでなく、動植物の変化も多く登場します。ただし、もともとの華北の気候や風土、そこで生息する動植物に基づいているため、日本にはあてはまらないものも多くあり、のちに日本の風土に合わせて修正されています。現在では明治七年に発行された略本暦《りゃくほんれき》に記載されたものが主に使われています。

略本暦は暦に加え、気象や天体の情報、二十四節気や雑節《ざっせつ》※1などが記載された暦本であり、明治初期までは七十二候も載っていました。現在でも伊勢神宮においては、この略本暦と同じ和綴じの小冊子が発行されています。

七十二候はその季節に起こる自然の変化がありありと伝わってくるような美しい言葉の表現が特徴です。花がほころぶ様子でも、桃は「桃始笑」、桜は「桜始開」、牡丹は「牡丹華」。桃は笑い、桜は開き、牡丹は華やぐ、それぞれの花の姿を言葉で表しています。また、渡り鳥の雁やツバメは、春と秋で移動する様子が対に。「水泉動」や「雪下出麦」などは、はっきりと目には見えなくても季節が進んでいることを気づかせてくれます。

もちろん、実際の季節は必ずしも毎年同じように訪れるわけではありません。しかし、二十四節気や七十二候は、目まぐるしい社会に生きる現代の私たちに、自然が織りなす景色や地球上に生きている生き物の姿を言葉で伝えてくれることで、季節の変化を自分自身で感じようとする心を思い出させてくれる気がするのです。

五節句

五節句とは中国から伝わり、奈良、平安の頃から宮中そして民間まで行われた行事です。江戸時代には祝いの日として定められ、重要な祝日でした。

五節句は、「一月七日　人日《じんじつ》の節句」、「三月三日　上巳《じょうし》の節句」、「五月五日　端午《たんご》の節句」、「七月七日　七夕《しっせき》の節句」そして「九月九日　重陽《ちょうよう》の節句」の五つの日。

五節句の日にちを見るとすべて奇数。これは中国では奇数が陽の数字とされていることが関係しています。

一月七日、こちらは一年の無病息災を祈り、七草がゆを食べる風習が有名です。古代中国では一月一日は鶏、二日は狗（犬）、三日は羊、四日は猪、五日は牛、六日は馬、そして七日は人の日とし、それぞれの日はその生き物を殺めないようにしていました。この人日という名は、ここから来ています。

三月三日は雛祭りをしますが、もともとは水辺で祓《はらい》をする風習に使われた人形が雛人形に転化したといわれています。現在にも伝わる、桃の花を飾り、白酒を飲み、草餅を食すことは、江戸時代から行われていました。

五月五日は現在ではこどもの日。この日の行事といえば邪気を払う菖蒲湯に入ること。日本では平安時代の頃から皇族、庶民にまで菖蒲を敷き、よき季節を楽しんでいた記録が残されており、男の子の出世を願う鯉のぼりの風習などは江戸時代以降の習わしです。

七月七日は七夕《たなばた》。七夕とは棚をつけた機織り機の意味があります。牽牛星《けんぎゅう》（彦星のこと）と織女星《おりひめ》が一年に一度近づくことから生まれた伝説の星祭りは中国のもの。これと、七夕ではたを織る棚機女《たなばたつめ》に技術の上達を願う日本古来の風習が結びついてできたものです。

そして九月九日は菊の節句ともいわれ、菊を観賞するほか、薬効の高い菊の花の香りを移した菊酒を飲んで長寿を願いました。旧暦と一か月差がある現在の暦では、実際の菊の旬にはまだ早いため、現在はなじみが薄いものとなっています。

本書の七十二候は、明治時代の略本暦のものを基にしつつ、意味のわかりにくいものは現代語として読みやすく解説してあります。

※1　雑節とは二十四節気や五節句とは別の、日本の気候を知るための暦の節目の日または期間。節分、彼岸、社日、八十八夜、入梅、半夏生、土用、二百十日、二百二十日が当たります。

四季	四立 / 二至二分	二十四節気	七十二候
春	四立	立春《りっしゅん》（2/4～2/18頃）	東風解凍《はるかぜこおりをとく》
			黄鶯睍睆《うぐいすなく》
			魚上氷《うおこおりいずる》
		雨水《うすい》（2/19～3/5頃）	土脉潤起《つちのしょううるおいおこる》
			霞始靆《かすみはじめてたなびく》
			草木萌動《そうもくめばえいずる》
		啓蟄《けいちつ》（3/6～3/20頃）	蟄虫啓戸《すごもりのむしとをひらく》
			桃始笑《ももはじめてひらく》
			菜虫化蝶《なむしちょうとなる》
	二至二分	春分《しゅんぶん》（3/21～4/4頃）	雀始巣《すずめはじめてすくう》
			桜始開《さくらはじめてひらく》
			雷乃発声《かみなりすなわちこえをはっす》
		清明《せいめい》（4/5～4/19頃）	玄鳥至《つばめきたる》
			鴻雁北《こうがんかえる》
			虹始見《にじはじめてあらわる》
		穀雨《こくう》（4/20～5/5頃）	葭始生《あしはじめてしょうず》
			霜止出苗《しもやみてなえいずる》
			牡丹華《ぼたんはなさく》

四季	四立 / 二至二分	二十四節気	七十二候
夏	四立	立夏《りっか》（5/6～5/20頃）	鼃始鳴《かわずはじめてなく》
			蚯蚓出《みみずいずる》
			竹笋生《たけのこしょうず》
		小満《しょうまん》（5/21～6/5頃）	蚕起食桑《かいこおきてくわをはむ》
			紅花栄《べにばなさかう》
			麦秋至《ばくしゅういたる》
		芒種《ぼうしゅ》（6/6～6/21頃）	螳螂生《かまきりしょうず》
			腐草為螢《ふそうほたるとなる》
			梅子黄《うめのみきばむ》
	二至二分	夏至《げし》（6/22～7/6頃）	乃東枯《なつかれくさかるる》
			菖蒲華《あやめはなさく》
			半夏生《はんげしょうず》
		小暑《しょうしょ》（7/7～7/22頃）	温風至《あつかぜいたる》
			蓮始開《はすはじめてひらく》
			鷹乃学習《たかすなわちわざをならう》
		大暑《たいしょ》（7/23～8/7頃）	桐始結花《きりはじめてはなをむすぶ》
			土潤溽暑《つちうるおうてむしあつし》
			大雨時行《たいうときどきふる》

四季	四立 / 二至二分	二十四節気	七十二候
秋	四立	立秋《りっしゅう》（8/8～8/22頃）	涼風至《すずかぜいたる》
			寒蟬鳴《ひぐらしなく》
			蒙霧升降《ふかききりまとう》
		処暑《しょしょ》（8/23～9/7頃）	綿柎開《わたのはなしべひらく》
			天地始粛《てんちはじめてさむし》
			禾乃登《こくものすなわちみのる》
		白露《はくろ》（9/8～9/22頃）	草露白《くさつゆしろし》
			鶺鴒鳴《せきれいなく》
			玄鳥去《つばめさる》
	二至二分	秋分《しゅうぶん》（9/23～10/7頃）	雷乃収声《かみなりすなわちこえをおさむ》
			蟄虫坏戸《むしかくれてとをふさぐ》
			水始涸《みずはじめてかるる》
		寒露《かんろ》（10/8～10/23頃）	鴻雁来《こうがんきたる》
			菊花開《きくのはなひらく》
			蟋蟀在戸《きりぎりすとにあり》
		霜降《そうこう》（10/24～11/7頃）	霜始降《しもはじめてふる》
			霎時施《こさめときどきふる》
			楓蔦黄《もみじつたきばむ》

四季	四立 / 二至二分	二十四節気	七十二候
冬	四立	立冬《りっとう》（11/8～11/21頃）	山茶始開《つばきはじめてひらく》
			地始凍《ちはじめてこおる》
			金盞香《きんせんかさく》
		小雪《しょうせつ》（11/22～12/6頃）	虹蔵不見《にじかくれてみえず》
			朔風払葉《きたかぜこのはをはらう》
			橘始黄《たちばなはじめてきばむ》
		大雪《たいせつ》（12/7～12/21頃）	閉塞成冬《そらさむくふゆとなる》
			熊蟄穴《くまあなにこもる》
			鱖魚群《さけのうおむらがる》
	二至二分	冬至《とうじ》（12/22～1/5頃）	乃東生《なつかれくさしょうず》
			麋角解《さわしかのつのおつる》
			雪下出麦《ゆきわたりてむぎのびる》
		小寒《しょうかん》（1/6～1/19頃）	芹乃栄《せりすなわちさかう》
			水泉動《しみずあたたかをふくむ》
			雉始雊《きじはじめてなく》
		大寒《だいかん》（1/20～2/3頃）	欵冬華《ふきのはなさく》
			水沢腹堅《さわみずこおりつめる》
			雞始乳《にわとりはじめてとやにつく》

薬用植物一覧

※1

［効果・効用］／［植物名］	イランイラン	エキナセア	エルダーフラワー	カルダモン	カレンデュラ	クラリセージ	グレープフルーツ	クローブ	コーンフラワー	サイプレス
	禁 💧	禁 ☕	☕	禁 ☕ 💧	禁 ☕	禁 💧	禁 ☕ 妊 💧	禁 ☕ 💧	禁 ☕	💧
リラックスさせる	●		●			●				
リフレッシュさせる				●			●			●
ストレスやイライラを解消	●		●			●	●			●
心を安定させる	●		●			●				●
心身を活性化させる				●			●			●
アレルギー症状を緩和する			●							
肩こりや筋肉痛を解消する							●			
安眠に導く			●			●				
頭痛を抑える										
老廃物を出し、むくみを解消							●			●
冷え性を和らげる										
血行をよくする										
血液をきれいにする										
疲労回復を助ける							●			
風邪を予防する		●								
風邪の初期症状を抑える			●							
免疫力を高める		●								
喉や呼吸器の不調を鎮める										●
胃腸などの消化機能を改善				●				●		
下痢を抑える										
ガスを出しやすくする										
肝臓の機能を助ける										
疲れ目をいたわる									●	
ホルモンの分泌を整える	●					●				
痛みや炎症を抑える								●		
肌の代謝修復を促す					●					
肌の色素沈着を抑える										
肌を引き締める										●
乾燥した肌をいたわる	●				●					
肌の炎症を抑える										
油っぽい肌をすっきりさせる	●									●
害虫を寄せつけない								●		
ウイルスの活動を抑える		●			●					
細菌の働きを抑える		●		●	●			●		●
油汚れを落とす										

☕ フレッシュハーブやドライハーブとして食用・飲用できるもの

💧 精油があるもの

禁 禁忌があるもの。禁忌についてはP.220参照

妊 妊娠中の使用が可能なもの。妊娠中、授乳中、乳幼児の精油の使用は基本的にはおすすめしない

	スペアミント 禁	スターアニス 禁	スイートマジョラム	スイートオレンジ 妊	ジュニパーベリー 禁	ジャスミン 禁	ジャーマンカモミール 禁	シナモン 禁	シトロネラ 禁	シダーウッド
リラックスさせる	●		●	●		●	●			●
リフレッシュさせる	●			●	●				●	
ストレスやイライラを解消			●	●	●		●			
心を安定させる			●	●		●	●			●
心身を活性化させる	●	●			●			●	●	
アレルギー症状を緩和する							●			
肩こりや筋肉痛を解消する			●		●		●			
安眠に導く			●	●		●	●			
頭痛を抑える										
老廃物を出し、むくみを解消			●		●					●
冷え性を和らげる			●	●	●		●	●		
血行をよくする		●	●	●				●		
血液をきれいにする										
疲労回復を助ける										
風邪を予防する										
風邪の初期症状を抑える										
免疫力を高める										
喉や呼吸器の不調を鎮める					●		●			●
胃腸などの消化機能を改善	●	●		●			●	●		
下痢を抑える										
ガスを出しやすくする							●	●		
肝臓の機能を助ける										
疲れ目をいたわる										
ホルモンの分泌を整える						●				
痛みや炎症を抑える			●		●		●			
肌の代謝修復を促す										
肌の色素沈着を抑える										
肌を引き締める										●
乾燥した肌をいたわる						●	●			
肌の炎症を抑える							●			
油っぽい肌をすっきりさせる										●
害虫を寄せつけない									●	
ウイルスの活動を抑える					●			●		
細菌の働きを抑える			●		●			●	●	●
油汚れを落とす				●						

※1 薬用植物は本書で紹介した名称で表記している

［植物名］ ［効果・効用］	セージ※2 禁 ☕ 💧	ゼラニウム 💧	セントジョーンズワート 禁 ☕ 💧	タイム 禁 ☕ 💧	ダンデライオン 禁 ☕ 妊	チャービル ☕	チャイブ ☕	チョウマメ 禁 ☕	ティーツリー 禁 💧	ディル ☕ 💧
リラックスさせる		●	●							●
リフレッシュさせる	●			●					●	
ストレスやイライラを解消		●								
心を安定させる		●								
心身を活性化させる	●			●					●	
アレルギー症状を緩和する										
肩こりや筋肉痛を解消する										
安眠に導く			●							
頭痛を抑える										
老廃物を出し、むくみを解消		●			●					
冷え性を和らげる										
血行をよくする										
血液をきれいにする										
疲労回復を助ける					●					
風邪を予防する										
風邪の初期症状を抑える										
免疫力を高める									●	
喉や呼吸器の不調を鎮める	●			●						
胃腸などの消化機能を改善					●	●	●			●
下痢を抑える										
ガスを出しやすくする										●
肝臓の機能を助ける					●					
疲れ目をいたわる								●		
ホルモンの分泌を整える		●								
痛みや炎症を抑える			●							
肌の代謝修復を促す								●		
肌の色素沈着を抑える										
肌を引き締める		●								
乾燥した肌をいたわる										
肌の炎症を抑える										
油っぽい肌をすっきりさせる		●								
害虫を寄せつけない		●								
ウイルスの活動を抑える	●								●	
細菌の働きを抑える	●	●		●					●	
油汚れを落とす										

☕ フレッシュハーブやドライハーブとして食用・飲用できるもの

💧 精油があるもの

禁 禁忌があるもの。禁忌についてはP.220参照

妊 妊娠中の使用が可能なもの。妊娠中、授乳中、乳幼児の精油の使用は基本的にはおすすめしない

	ペパーミント 禁	ベニバナ 禁	フランキンセンス	フェンネル 禁	ヒース 禁	ハッカ 禁	バジル	ハイビスカス	※3 ネロリ	ネトル
リラックスさせる	●		●	●					●	
リフレッシュさせる	●					●	●	●		
ストレスやイライラを解消			●						●	
心を安定させる			●	●					●	
心身を活性化させる	●					●	●	●		
アレルギー症状を緩和する										●
肩こりや筋肉痛を解消する	●					●	●			
安眠に導く									●	
頭痛を抑える	●					●				
老廃物を出し、むくみを解消				●	●			●		●
冷え性を和らげる		●								
血行をよくする		●								
血液をきれいにする										●
疲労回復を助ける								●		●
風邪を予防する								●		
風邪の初期症状を抑える	●					●				
免疫力を高める										
喉や呼吸器の不調を鎮める			●	●						
胃腸などの消化機能を改善	●			●		●	●		●	
下痢を抑える										
ガスを出しやすくする	●			●		●				
肝臓の機能を助ける	●					●				
疲れ目をいたわる								●		
ホルモンの分泌を整える		●		●						
痛みや炎症を抑える	●				●	●				●
肌の代謝修復を促す			●					●	●	
肌の色素沈着を抑える					●					
肌を引き締める			●							
乾燥した肌をいたわる										
肌の炎症を抑える			●							
油っぽい肌をすっきりさせる										
害虫を寄せつけない	●					●				
ウイルスの活動を抑える										
細菌の働きを抑える	●		●			●	●			
油汚れを落とす										

※2 精油もあるが、アロマセラピーではほぼ使われない ※3 ハーブティーはオレンジフラワーと呼ばれる

［植物名］ ［効果・効用］	ベルガモット	ホーウッド	ミモザ	ユーカリシトリオドラ※4	ユーカリラディアータ	ユズ	ラヴィンツァラ	ラベンダー※5	ラベンダースピカ※6	ルイボス
	禁 ☕ 妊 💧	💧	💧	禁 💧	禁 💧	禁 ☕ 💧	禁 💧	☕ 💧	禁 ☕ 💧	☕ 妊
リラックスさせる	●	●	●					●		
リフレッシュさせる				●	●	●	●		●	
ストレスやイライラを解消	●	●	●			●		●		
心を安定させる	●	●	●					●		
心身を活性化させる					●		●		●	●
アレルギー症状を緩和する					●		●			●
肩こりや筋肉痛を解消する				●				●		
安眠に導く	●	●						●		
頭痛を抑える					●			●		
老廃物を出し、むくみを解消										
冷え性を和らげる	●					●				●
血行をよくする	●					●				●
血液をきれいにする										
疲労回復を助ける										
風邪を予防する										
風邪の初期症状を抑える					●		●			
免疫力を高める					●		●			
喉や呼吸器の不調を鎮める					●		●			
胃腸などの消化機能を改善	●					●				
下痢を抑える										
ガスを出しやすくする										
肝臓の機能を助ける										
疲れ目をいたわる										
ホルモンの分泌を整える										
痛みや炎症を抑える						●		●	●	
肌の代謝修復を促す										
肌の色素沈着を抑える										
肌を引き締める										
乾燥した肌をいたわる								●		
肌の炎症を抑える								●	●	
油っぽい肌をすっきりさせる										
害虫を寄せつけない				●						
ウイルスの活動を抑える					●		●	●	●	
細菌の働きを抑える	●				●	●	●	●	●	
油汚れを落とす										

☕ フレッシュハーブやドライハーブとして食用・飲用できるもの

💧 精油があるもの

禁 禁忌があるもの。禁忌についてはP.220参照

妊 妊娠中の使用が可能なもの。妊娠中、授乳中、乳幼児の精油の使用は基本的にはおすすめしない

	菊 禁	ローレル 禁	ローマンカモミール 禁	※8 ローズマリー 禁	ローズヒップ 妊	ローズ・ローズオットー	※7 レモンバーム	レモングラス 禁	レモン 禁	レディスマントル
リラックスさせる	●		●			●	●			
リフレッシュさせる		●		●				●	●	
ストレスやイライラを解消			●			●	●			
心を安定させる						●	●			
心身を活性化させる		●		●				●	●	
アレルギー症状を緩和する										
肩こりや筋肉痛を解消する			●	●				●		
安眠に導く	●					●	●			
頭痛を抑える	●						●			
老廃物を出し、むくみを解消										
冷え性を和らげる	●			●						
血行をよくする				●					●	
血液をきれいにする										
疲労回復を助ける					●					
風邪を予防する					●			●		
風邪の初期症状を抑える	●						●			
免疫力を高める		●							●	
喉や呼吸器の不調を鎮める										
胃腸などの消化機能を改善				●			●	●	●	
下痢を抑える						●				●
ガスを出しやすくする								●		
肝臓の機能を助ける										
疲れ目をいたわる	●									
ホルモンの分泌を整える						●				●
痛みや炎症を抑える										●
肌の代謝修復を促す			●		●	●				
肌の色素沈着を抑える					●					
肌を引き締める						●				
乾燥した肌をいたわる					●					
肌の炎症を抑える			●							
油っぽい肌をすっきりさせる				●						
害虫を寄せつけない		●						●		
ウイルスの活動を抑える		●					●	●		
細菌の働きを抑える		●		●		●	●	●	●	
油汚れを落とす										

※4 レモンユーカリとも呼ばれる　※5 ラベンダーアングスティフォリアのこと。真正ラベンダーとも呼ばれる　※6 スパイクラベンダーとも呼ばれる
※7 精油はメリッサと呼ばれる　※8 精油には、ローズマリーシネオール、ローズマリーカンファー、ローズマリーベルベノンがある

禁忌・使用上の注意点があるもの

薬用植物には多くの成分が含まれており、間違った用法で使用した場合は体に重大な害を及ぼす場合があります。禁忌とは、薬用植物を使用するにあたっていかなる場合でも避けるべき事柄です。

イランイラン　濃度が濃すぎると気持ち悪くなったり、アレルギー症状が出たりする。

エキナセア　連続使用の場合は量を少なめに使うこと。キク科アレルギー、自己免疫疾患、膠原病の方は使用を避ける。

カルダモン　刺激が強いため、精油の高濃度使用は避ける。

カレンデュラ　キク科アレルギーの方は使用を避ける。

クラリセージ　眠気を催すことがあるので、運転前の使用は避ける。アルコールとの併用は気分が悪くなることがあるので避ける。

グレープフルーツ　皮膚刺激が強いため、高濃度の精油の使用は避ける。圧搾法で抽出された精油は光毒性があるので、使用直後に紫外線を浴びないよう注意する。

クローブ　刺激が強いため、精油の高濃度使用は避ける。

コーンフラワー　キク科アレルギーの方は使用を避ける。

シトロネラ　皮膚アレルギーが起こる可能性があるので、低濃度から使用する。

シナモン　精油はあるが、皮膚刺激がかなり強く、アレルギーが起こる可能性も高いため、濃度に十分注意する。シナモンアレルギーの方は使用を避ける。

ジャーマンカモミール　キク科アレルギーの方は使用を避ける。

ジャスミン　香気がかなり強いため、濃度に注意。精油は溶剤抽出のため、ジャスミンアブソリュートと呼ばれる。

ジュニパーベリー　腎臓疾患のある方は使用を避ける。作用が強いため、精油、ハーブティーともに高濃度での使用、連続した使用は避ける。

スターアニス　刺激の強い精油のため、使用は注意。乳腺炎、乳がんの方は使用を避ける。

スペアミント　精油は皮膚刺激が多少ある。

セージ　抗酸化作用はかなり強いが刺激も強いため、ハーブティーとして二か月以上の長期の服用は不可。精油はなくはないがアロマセラピーではほぼ使われない。

セントジョーンズワート　薬物代謝酵素を阻害するため、以下の薬との併用は相互作用に注意し、医師に相談すること。インジナビル（抗ＨＩＶ薬）、ジゴキシン（強心薬）、シクロスポリン（免疫抑制薬）、テオフィリン（気管支拡張薬）、ワルファリン（血液凝固防止薬）、経口避妊薬。光毒性があるため使用後紫外線を浴びないよう注意する。

タイム　精油の場合、タイムチモールは肝臓刺激が強いため、タイムリナロールかタイムゲラニオールを選ぶこと。

ダンデライオン　胆のう閉鎖、重篤な胆のう炎、腸閉塞の方は使用を避ける。苦みが強く胃酸過多になる可能性がある。キク科アレルギーの方は使用を避ける。

チョウマメ　生理中は使用を避ける。

ティーツリー　ごく稀に接触性皮膚炎が起こる可能性がある。

ハッカ　刺激が強いので、精油の濃度に注意する。乳幼児、てんかん、胆石の方は使用を避ける。

ヒース　抗菌力の低下の恐れがあるため、酸性尿を引き起こす薬剤との併用には注意する。

フェンネル　皮膚、呼吸器系のアレルギーが起こる可能性がある。

ベニバナ　キク科アレルギーの方は使用を避ける。

ペパーミント　刺激が強いので、精油の濃度に注意する。乳幼児、てんかん、胆石の方は使用を避ける。

ベルガモット　圧搾法で抽出された精油は光毒性があるので、使用直後に紫外線を浴びないよう注意する。

ユーカリシトリオドラ　刺激が強いので、濃度に注意する。

ユーカリラディアータ　ユーカリグロブルスのほうが薬効は高いが、その分刺激も強くなるので用途により使い分ける。グロブルスは胃腸、胆道の炎症性疾患、重度の肝臓疾患の方は使用を避ける。

ユズ　圧搾法で抽出された精油は光毒性があるので、使用直後に紫外線を浴びないよう注意する。

ラヴィンツァラ　皮膚刺激が強いので、濃度に注意する。

ラベンダースピカ　刺激が強いので、精油の濃度に注意する。

レモン　圧搾法で抽出された精油は光毒性があるので、使用直後に紫外線を浴びないよう注意する。

レモングラス　精油の外用は皮膚刺激に注意する。

ローズマリー　ローズマリーカンファー、ローズマリーベルベノンは刺激が強いため、てんかん、高血圧の方は使用を避ける。

ローマンカモミール　キク科アレルギーの方は使用を避ける。

ローレル　アレルギーが起こる可能性がある。

菊　キク科アレルギーの方は使用を避ける。

注意事項

●本書で紹介している薬用植物には多くの薬効がありますが、あくまで健康管理や美容を目的としたもので医療とは異なります。また、植物には多くの成分が含まれており、精油、ハーブティー、チンキ剤など利用方法によって効果、効能の現れ方も異なります。禁忌事項でなくても、体調や体質、アレルギーなどによっては健康を害する場合がありますので、必要に応じて医療従事者に相談することをおすすめします。

●妊娠中、授乳中、乳幼児は精油の使用は基本的にはおすすめしません。また、ハーブティーなどとして使用してもよいとされているものでも体質によっては合わない場合があります。心配な場合は必ずかかりつけの医師に指示を仰ぐようにしましょう。

●精油は極めて作用が強いため、必ず希釈して使用し、絶対に内服はしないでください。

●薬用植物の研究は継続中で、情報は次々と更新される可能性があります。万が一、本書を参考にしていかなる結果がもたらされた場合も、出版社ならびに著者はいっさいの責任を負いかねますことを予めご了承いただくとともに、ご使用の際は自己責任でお願いします。

植物名索引

【タ行】

【ナ行】

【ハ行】

編集　須藤敦子
デザイン　高橋倫代
イラスト　Isabelle Boinot
校正　有限会社玄冬書林

二十四節気《にじゅうしせっき》
暦《こよみ》のレシピ

2020年8月1日　第1刷発行

著　者　猪飼牧子《いかいまきこ》／清水美由紀《しみずみゆき》
発行者　吉田芳史
印刷所　株式会社暁印刷
製本所　大口製本株式会社
発行所　株式会社日本文芸社
〒135-0001 東京都江東区毛利2-10-18 OCMビル
TEL 03-5638-1660(代表)

内容に関するお問い合わせは、小社ウェブサイト
お問い合わせフォームまでお願いいたします。
https://www.nihonbungeisha.co.jp/

ISBN978-4-537-21815-2
112200717-112200717Ⓝ01　(290042)
URL　https://www.nihonbungeisha.co.jp/
(編集担当：菊原・碇)

［著者］

猪飼牧子《いかいまきこ》　作品制作・執筆

フローリスト。NEROLIDOLとして、フラワーアレンジメントやアロマセラピー、ハーブ、エディブルフラワーなどの植物教室を開催する傍ら、季節の花束、オリジナルブレンドハーブティー、ドライフラワーやプリザーブドフラワーなど本物の植物を使用したアクセサリーの制作販売、植物全般の空間トータルプロデュースなどを手がける。植物が姿を変えながらも、生活に寄り添ってくれている「植物のある暮らしと装い」を伝えている。
http://nerolidol-flower.com

清水美由紀《しみずみゆき》　撮影・作詩

自然豊かな松本で生まれ育ち、刻々と表情を変える光や季節の変化に魅せられる。物語を感じさせる情感ある写真のスタイルを得意とし、ライフスタイル系の媒体での撮影に加え、執筆やスタイリングも手がける。ものづくりの現場を訪ね歩いたzine「日日工芸」を制作。日本&世界を娘と二人で旅しながら暮らしており、美しい日常の瞬間を切り取った透明感のある写真は、国内外問わず、多くのファンを魅了している。
http://www.miyukishimizu.com

［参考文献］

『薬用ハーブ完全図解ガイド　メディカルハーブ』ペネラピ・オディ　日本ヴォーグ社(1995)／『英国流メディカルハーブ』リエコ・大島・バークレー　説話社(2008)／『精油の安全性ガイド　第2版』ロバート・ティスランド、ロドニー・ヤング　フレグランスジャーナル社(2018)／『薬草カラー大事典』伊澤一男　主婦の友社(1998)／『病気にならない「ゆず」健康法』岡山栄子　PHP研究所(2017)／『春・秋 七草の歳時記』釜江正巳　花伝社(2006)／『おいしい花』吉田よし子　八坂書房(1997)／『知っておきたい伝説の英雄とモンスター』金光 仁三郎　西東社(2007)／『和ハーブ図鑑』古谷暢基　平川美鶴　和ハーブ協会(2017)／『向島百花園創設200周年記念　花ごよみ　江戸花屋敷の四季』向島百花園サービスセンター編　東京都公園協会(2008)／『カラーグラフで読む精油の機能と効用』三上杏平　フレグランスジャーナル社(2008)／『ギリシャ神話』山室静　グーテンベルク21(2014)／『資源天然物化学　改訂版』秋久俊博、小池一男　共立出版 (2017)／『日本のメディカルハーブ事典』村上志緒　東京堂出版(2013)／『ウメ ハンドブック』大坪孝之　文一総合出版(2017)／『カラーグラフィック薬用植物』北中進、寺林進、高野昭人　廣川書店(2015)／『サクラとウメの花の香り』堀内哲嗣郎　フレグランスジャーナル社(2007)／『イネ科ハンドブック』木場英久、茨木靖、勝山輝男　文一総合出版(2011)／『ハーブと精油の基本事典』林真一郎　池田書店(2010)／『紅葉ハンドブック』林将之　文一総合出版(2008)／『暦と時の事典』内田正男　雄山閣(1986)／『ビジュアルガイド　精油の化学』長島司　フレグランスジャーナル社(2012)／『ハーブティー　その癒しのサイエンス』長島司　フレグランスジャーナル社(2010)／『日本の七十二候を楽しむ　旧暦のある暮らし』白井明大　東邦出版(2012)／『日々の歳時記』夏生一暁　PHP研究所(2015)／『花の歳時記　春』、『花の歳時記　夏』、『花の歳時記　秋』、『花の歳時記　冬・新年』鍵和田秞子　講談社(2004)／『二十四節気・七十二候　歳時記カレンダー』シーガル(2020)／『カラー　植物百科』下中邦彦　平凡社(1974)／『メディカルハーブLESSON』林真一郎　主婦の友社(1996)／『野草と暮らす365日』山下智道　山と渓谷社(2018)